高橋英治 編

商法入門

法律文化社

スタンダード商法シリーズの刊行にあたって

　近年、商法をめぐる環境には、大きな変化がみられる。そうした変化には、例えば、ここ数年間だけでも、平成26年の会社法の改正、平成26年、27年、29年の金融商品取引法の改正、平成29年の民法（債権関係）の改正、平成30年の商法（運送・海商関係）等の改正等、大きな改正が続いていることがあげられる。

　いうまでもなく、商法の対象とする範囲は広く、実質的には、商法総則、商行為法、会社法、手形法、小切手法、保険法、金融商品取引法等の諸法が含まれ、法改正だけではなく、新たな裁判例の蓄積等も目覚ましく、その範囲は、拡大の一途をたどっている。

　そこで、こうした状況に鑑み、基本的に商法の全範囲についてカバーしながら、しかも、直近の法改正や新たな裁判例の蓄積等についても対応した、新しい教科書シリーズの刊行が、強く望まれてきたところである。本『スタンダード商法』シリーズ（全5巻）は、こうした期待に応えるべく、刊行されるものである。

　本シリーズは、その『スタンダード商法』という名称が示すように、基本となる幹の部分を丁寧に概説することにより、主として、法学部生をはじめ、経済学部、商学部、経営学部等の学生の皆さんが、商法の全体像をしっかりと修得しながら、リーガルマインドを養成することができるように、標準的な内容を提供することをコンセプトとしている。

　このような本シリーズが、これまでに刊行されてきた優れた教科書と並び、広く世の中に歓迎され、永きに亘って愛されることを心より祈念してやまない。

　末筆ながら、本シリーズの刊行に向けて鋭意取り組んで下さった執筆者各位に心より敬意を表するものである。また、本シリーズの刊行にあたっては、法律文化社の皆様、特に、小西英央氏と梶原有美子氏に大変お世話になった。ここに記して、心より感謝申し上げる次第である。

2018年11月

徳本穰・北村雅史・山下典孝・高橋英治

はしがき

　商法は、商法総則、商行為法、会社法、手形小切手法と非常に多くの分野を含み、しかも、それぞれの分野において、改正が毎年のように行われるため、初学者にとって、学びにくい法分野である。このため、この全分野を包括する「商法入門」という教科書を執筆することは大変困難であり、これまで商法の全分野を包括する「商法入門」は執筆を敬遠される傾向にあった。

　この度、商法の研究と教育において、顕著な業績を上げている大学教員が集まり、共同して、研究会を重ね、商法総則、商行為法、会社法、手形小切手法の全分野を包括する学ぶ者の立場に立った商法の本格的入門書を世に送る。それがこの本である。

　私たちが、最も気を配ったのは、初学者に、いかにわかりやすく説明するかという点であった。私自身、商法を勉強し始めたころ、商法が好きになれなかった。商法は、どの分野も、細かい技術的な問題が多く、それを扱う当時の教科書がとても読みにくかった。図書館で、商法の教科書を開いても、字を追っているだけで、内容がどうしても頭に入ってこなかった。まさに砂をかむようあった。私の図書館での商法の自学自習は、教科書を少し読んでは、休み、また少し読んでは休むという苦しいものであった。

　私には商法を初めて学んだころのあの苦しい想い出があったため、私は、これから商法を学ぶ学生には、あの頃自分が味わった苦しさから少しでも解放して、興味をもって、楽しく商法を学んでもらいたいという気持ちから、この本を世に問う。

　私たちが、この本を執筆するにあたり、特に気を配ったのは、説明が本当に初心者にわかりやすく書けているという点であった。私たちは、研究会では、お互いの原稿を読み比べ、初心者にわかりにくい点があった場合、遠慮なく、相互に批判的な意見をぶつけ、原稿に修正を重ねた。今、この本が出版され、私たちは、やるべきことはすべてやったという満足感を感じている。

　商法を初めて学ぶ皆さん、この本を信じて、商法を勉強して下さい。商法をこれ以上わかりやすく説明した本はないという自負を、私たちはもっている。

皆さんは、この本を一読して、商法はわかりにくいと感じるかもしれない。それでも、皆さんは、この本と六法の条文を繰り返して読めば、必ず、「商法がわかった」という境地に達することができる。私たちは、この本を通じて皆さんの商法の勉強が進み、皆さんひとりひとりの将来の夢がかなうことを願っている。

　この本を出すにあたり、法律文化社の小西英央氏と梶原有美子氏に大変お世話になった。記して、心より感謝申し上げる。

　　2018年9月5日
　　　　　　　　　　　　　　　ドイツ・ビュルツブルク大学の研究室にて
　　　　　　　　　　　　　　　　　　　　　　　　　　　高橋英治

目　次

スタンダード商法シリーズの刊行にあたって
はしがき

1章　商法総論 ……………………………………………………… 1
1　商法の意義　1
2　商法の基本概念　5
3　日本の商法の歴史　7
4　商法の法源　8
5　商法の法源の適用順序　11

2章　商法総則 ……………………………………………………… 13
1　商法の適用範囲──商人と商行為　13
2　商　号　17
3　営業譲渡　22
4　開示の制度　29
5　企業の補助者　34

3章　商行為法 ……………………………………………………… 42
1　商行為とは何か　42
2　商人間の売買に関する特則　47
3　仲立営業・問屋営業　50
4　物や人の移動・管理に関する取引　55
5　保険契約　67

4章　会　社　法 …………………………………………………… 76
1　会社法総論　76
2　株式会社の設立　79
3　株　式　87
4　機　関　102

5　資金調達　131
　　6　計　算　等　143
　　7　定款変更　150
　　8　組織再編　151
　　9　解　　散　160

5章　手形法　163

　　1　手形・小切手の意義・機能　163
　　2　手形行為　166
　　3　手形の振出　172
　　4　手形の譲渡　177
　　5　手形の善意取得と人的抗弁　182
　　6　手形の支払い　185

事項索引

判例索引

■コラム目次

1-1　オーストリアにおける企業法典の成立　3
2-1　商人資格の取得時期　15
2-2　商号、商標、営業標の違い　19
2-3　営業の同種性は必要か　22
2-4　効力要件と対抗要件　24
3-1　商行為と企業取引　43
3-2　2017（平成29）年民法改正に伴う変更　47
3-3　供託と自助売却　49
3-4　2018（平成30）年商法改正による運送経路の整理　57
3-5　2017（平成29）年民法改正による約款に関する規定の新設　69
4-1　預合・見せ金　86
4-2　優先株と劣後株　89
4-3　株主優待制度　91
4-4　株主総会決議の取消しの訴えの対象　112
4-5　取締役会の決議の瑕疵とその効力　114
4-6　代表権の権限濫用行為と取引効力の可否　116
4-7　善管注意義務と忠実義務の法的性質　127
4-8　取締役の内部統制構築義務　128

4-9	有利発行の弊害	135
4-10	不公正発行と主要目的ルール	137
4-11	新株予約権と買収防衛策	141
4-12	社債の種類	143
4-13	公正な価格	157
4-14	詐害的な会社分割	159
5-1	移転行為有因論	168
5-2	手形の取引・割引	187

■図表目次

2-1	商行為・商人の概念	14
2-2	名板貸の効果	21
2-3	商号続用と営業の譲受人の責任	26
2-4	商号続用と譲受人への弁済の有効性	29
3-1	運送取扱人との関係	63
3-2	損害保険の関係者	71
3-3	請求権代位（自動車事故の場合）	72
3-4	生命保険の関係者（死亡保険の場合）	74
4-1	設立手続の流れ	82
4-2	典型的取締役会設置会社の機関構造	104
4-3	監査役会設置会社の機関構造	104
4-4	監査等委員会設置会社の機関構造	104
4-5	指名委員会等設置会社の機関構造	104
4-6	利益相反取引（直接取引）	129
4-7	利益相反取引（間接取引）	129
4-8	貸借対照表	145
4-9	吸収分割	154
4-10	新設分割	154
4-11	株式交換	154
4-12	株式移転	154
5-1	手形の交換決済	164
5-2	為替手形による送金	166
5-3	他人による手形の記載例	171
5-4	統一手形用紙	173
5-5	裏書の連続	178
5-6	人的抗弁の制限	184
5-7	悪意者による手形金請求の可否	185
5-8	遡求	190

凡　例

1　法令の略語

会社	会社法
会社規	会社法施行規則
会社計算	会社計算規則
改商	平成30年改正商法
改民	平成29年改正民法
金商	金融商品取引法
小切手	小切手法
社債振替	社債、株式等の振替に関する法律
商登	商業登記法
商	商法
商規	商法施行規則
倉庫業	倉庫業法
手形	手形法
保険	保険法
保険業	保険業法
民	民法

＊本書は平成30年改正商法・平成29年改正民法を引用している。改正法であることを特に強調すべき箇所について、本文では「平成30年改正商法」「平成29年改正民法」と表記し、（　）内では「改商」「改民」と」表記した。また、改正前の法については、本文では「改正前商法」「改正前民法」、（　）内では「改前商」「改前民」とした。

2　裁判関係

大判	大審院判決
最大判	最高裁判所大法廷判決
最判（決）	最高裁判所判決（決定）
高判（決）	高等裁判所［支部］判決（決定）
地判（決）	地方裁判所［支部］判決（決定）
刑集	大審院刑事判例集・最高裁判所刑事判例集
民録	大審院民事判決録
民集	大審院民事判例集・最高裁判所民事判例集
裁判集民	最高裁判所裁判集民事
判時	判例時報
判タ	判例タイムズ

3 文献略語

会社百選　岩原紳作・神作裕之・藤田友敬編『会社法判例百選〔第3版〕』有斐閣、2016年
商法百選　江頭憲治郎・山下友信編『商法（総則・商行為）判例百選〔第5版〕』有斐閣、2008年
手形小切手百選　神田秀樹・神作裕之編『手形小切手判例百選〔第7版〕』有斐閣、2014年

1章 商法総論

I 商法の意義

1 商法とは何か

「商法」とはどのような法律であろうか？「商法」には、「**形式的意義の商法**」と「**実質的意義の商法**」とがある。

形式的意義の商法とは、「商法」と呼ばれる法律（明治32年3月9日法律第48号）を意味する。この別名「**商法典**」は、3つの編からなっている。第1編は「総則」であり、商人についての定義規定をおき、商人が用いる商号や商業帳簿などの物的設備、そして商人の営業を支える商業使用人などの人的設備について定めている。第2編は「商行為」であり、商事売買や運送といった商取引等について定めている。第3編は「海商」であり、海上企業の組織や活動さらには海上損害について定めている。

実質的意義の商法とは、商法として統一的に把握される特定の法域をいう。実質的意義の商法には、商法典のみならず、「会社法」・「商業登記法」・「保険法」・「手形法」・「小切手法」等の数多くの商事特別法、さらには商慣習法も含まれる。

それでは、このような多様な「商法」の対象とは何であろうか。商法の独自性はどこにあるのか。かかる意識から、実質的意義の商法の本質とは何かという問題が探求された。

これを始めたのは、ドイツの学説である。例えばドイツ商法学の生みの親であるレヴィン・ゴルトシュミット（Levin Goldschmidt 1829-1897）は、商法における商とは「財貨の転換の媒介に向けられた営利活動である」と説いた。しか

し、日本の商法典では、その規制対象は「媒介」よりも範囲が広く、例えば撮影に関する行為（商502条6号）も商行為とされている。このため、古くは松本烝治博士により、商法の対象を統一的に把握するのは不可能であり、商法典が商として定める事項が商法の対象であり、商法とはかかる意味での商に特有な法規の全体であると説かれるに至った。

かかる形式的商法把握論（実証説と呼ばれる）に対し、独自の商法本質論を展開したのが、**田中耕太郎博士**であった。田中博士は、商法の特質は一般私法上の法律事実が受ける色彩によるとし、商法は商的色彩を帯びている私人間の法律関係を規定するという点で、民法とは区別されると説いた。田中博士によると、商的色彩とは、「商法上の法律事実に通用な技術的性格」であり、具体的には「専門化された営利活動である投機売買から演繹されるべき特性であって、集団性および個性喪失をその主要内容とするもの」である。

商的色彩論は、商法の本質というテーマに、独創的思考方法によって挑戦する画期的な試みではあったが、商法をその他の一般私法から区別する基準となる「商的色彩」の内容が漠然としているという批判を受けた。

これに代わって、現在の通説となっているのが、**商法＝企業法説**である。これは、近代以降に飛躍的に発達した企業を商法の対象とみて、実質的意義の商法を企業に関する法と考える説である。この考え方はもともとスイスのバーゼル大学の**カール・ヴィーラント**（Karl Wieland 1864-1936）によって提唱された。ヴィーラントは1921年の「商法論第一巻」において、当時の経済学説の影響下で、企業活動を「不定量の財産増加を実現するため経済力を投ずること」と定義し、かかる意味での企業活動が、実質的意味での商法の対象であり、法律的意義における商であると説いた。かかる学説を出発点として、**西原寛一博士**は、日本で企業法説を展開した。西原博士は、企業を「一定の計画に従い継続的意図をもって営利行為を実現する独立の経済単位」と定義し、かかる意味での企業に特有の生活関係を対象とする私法が実質的意義の商法であると説いた。西原博士によると、実質的意義の商法は学問的立場に立つものであって、統一性・体系性を主眼におくのに対して、形式的意義の商法（商法典）は法律政策的立場に立つものであって、実際性・便宜性を本位とする。しかし両者は無関係というわけではなく、歴史的には形式的意義の商法の発生及び変遷が、

> **コラム 1-1** オーストリアにおける企業法典の成立
>
> 商法＝企業法説は近年、オーストリアにおいて立法として結実した。すなわち、2005年にオーストリアにおいて、従来の「商法典」に代わり、「企業法典」が成立した。同法典の中心概念である「企業」とは「独立した経済的な活動を継続的に企図している組織であり、利益獲得を目指していなくともよい」と定義されている（企業法典1条2項）。社団形態を採った非営利組織（Non-Profit-Organisation）も、市場における対価を伴った活動を行うことにより、オーストリア企業法典1条2項の企業となる。本来、企業を名宛人とすることの利点は、企業を営む弁護士・公証人・会計士等の自由業者に規制を及ぼしうる点にあった。自由業者は任意的に商号登記をすることにより企業法典の規制に服するとした（企業法典4条2項）。

実質的意義の商法の検討を刺激してきたし、実質的意義の商法の研究は、形式的意義の商法の改正または解釈に際して、有力なる指導精神を与えうる。

日本の法体系では、ひろく市民生活・経済生活一般を規制する私法として民法があり、商法は企業生活関係に特有な私法の総体である。企業生活関係についても、経済生活一般の規定は民法に任せ、商法は特に企業生活関係として特殊な規制を要する面のみを規制するのであり、この意味で民法と商法は一般法と特別法の関係にある。商法は、まず民法の一般規定に対する特則を定める。また、商法は、民法の規定を補充する規定（例えば、商685条と民87条1項など）をおく。さらに、商法は、民法上の制度を特殊化した制度についての規定をおく。さらに、例えば商業登記（商8条）・商号（商11条）といった、民法に存在しない特殊な制度を、商法が設けている場合もある。なお、企業関係事項について、商事特別法令もなく、商法典にも規定なく、しかも商慣習（法）も存在しないときには、民法の一般規定が適用される（商1条2項）。

民法と商法には歴史的に交流がある。「**民法の商化**」は、2つの方向においてみられる。まず、第1に商法において確立した法原則が民法に移されるという現象がある。この現象の代表例としては、かつて商法上の原理であった「契約自由の原則」が、後になって民法の一般原理としても確立したことがあげられる。第2に、民法に属する法制度が商法の規制の下に移されるという現象もある。例えば、民法が規制していた産業が後になって商法によって規制される

ことがある。すなわち、日本では、鉱業は、元来商法典の中では規制されず、民法典の中で規制されていたが、現在では「擬制商人」として商法の適用を受ける（商4条2項）。

かかる民法と商法との密接な関係に着目して、民法と商法とを同一の法典の中で規定しようという学説（これを「**民商法統一論**」という）が生じ、日本でも、かつて学説上有力に主張されており、**松本烝治博士**がこの説を採っていたことは有名である。また、外国には民商法統一論に立脚した立法も存在する。例えば、スイスの債務法（Obligationenrecht）は、民法と商法とを同一法典の中で規定している。

しかし、現在、日本では民商法統一論に賛成するものはほとんどなく、民商法の統一には困難が指摘されている。すなわち、民商法統一論は、単に法形式上の問題にとどまらず、商法の独自性を否定するものであると批判されている。通説によると、商法は「民法の商化」によって独自の領域を失っていることは事実であるが、不断に新しい領域を創り出しており、商法固有の領域は消滅せず、民商法は並存し続けると考えられている。

会社法とは会社の設立、組織、運営及び管理に関する法であり（会社1条）、実質的意義の商法に含まれる。2005（平成17）年に会社法が成立し、商法典の一部であった会社法は商法典から独立した法典になった。この会社法と商法典との関係はどう理解されるであろうか。規制対象の観点からすると、会社法は会社のみを規制対象にするのに対し、商法典の総則編については会社及び外国会社以外の商人を対象とすると、一応の規制領域の区別はあるが、商法典の商行為編と海商編は、会社の行為も規制対象としており、会社法と商法典は一体として「企業法」を形成している。しかし、商法1条1項の適用問題としては、会社法はあくまでも商法の「特別法」であり、商法典に優先して適用される。一例としては、会社に適用されるべき商号及び会社の使用人等の総則については会社法に特別規定があり、商法典の総則編は会社には適用されない（商11条）。しかし、会社の行為は商行為であり（会社5条）、会社による商行為に対しては商事に関する一般法である商法典の商行為編が適用される。

商法と**労働法**との関係については、日本では、両者は明確に異なる分野であると考えられている。商法と労働法は、規制対象と規制理念を異にする。企業

に雇用されている個人と企業との関係は、使用人として企業を代理するという代理関係と労働者として企業に従属して労務につくという賃労働関係とに分けられるが、商法は、この中でも**代理関係**のみを取り上げ、これを取引の安全と取引の円滑化という理念に基づいて規制する。これに対して、労働法は、労働者が企業に従属する関係である**賃労働関係**を取り上げ、これを労働者の生活擁護という社会政策的理念によって規制する。

経済法としては、「独占禁止法」を中心として、保険業法などの「業法」、消費者保護基本法や割賦販売法などの「消費者保護法」があげられる。商法と経済法との関係については、いろいろな考えが出されているが、次の2点で異なると一般的に考えられている。第1に、商法と経済法とは規制対象を異にする。商法は企業のみを対象にするのに対して、経済法は経済活動全般を対象とする。例えば、経済法は、企業とは関係のない個人の消費活動や、企業の形態を採っていない農林水産業も規制する点で、商法よりも規制対象が広い。第2に、商法と経済法とは規制理念を異にする。商法は「**営利性**」を本質とし、個々の経済主体の利益を基礎にして、それら主体相互間の利益の調整を行うのに対して、経済法は、「**公共性**」が前面に出され、国民経済全体の利益を基礎にして、個々の経済主体の組織及び活動に規制を加えるものである。

2 商法の基本概念

例えば、Aがインターネットを使った事業を個人で行いたいと思っているとする。かかる事業には、商法の適用があるのか？もし、この事業が商行為に該当し（商501条・502条参照）、Aが商人となるならば（商4条1項）、Aは商人として、商号を利用することができ（商11条1項）、自己の商号を商業登記簿に登記することができ（商11条2項）、また、商業帳簿を作成しななければならないことになる（商19条2項）。これらはAの取引社会での信用を向上に貢献しうるが、商業帳簿作成義務の履行のためには費用がかかる。

このように、ある事業について、商法の適用があるのか否かは、事業を行う当事者にとっては極めて重大な問題である。したがって、ある取引について（民法と商法の）どちらの法律が適用されるかについて、取引の当事者が予測で

きなければならない。そこで商法を適用するにあたって、その適用基準を明確にすることが重要になる。

　商法は、その適用上基準となる基本概念を「商人」と「商行為」とに求める。

　一般に商行為及び商人の概念を定めるにあたっては、まず商行為概念を定めてこれから商人の概念を導き出す立法主義と、逆に商人概念を定めてこれから商行為概念を導き出す立法主義とがある。商行為の概念を定めてこれから商人概念を導き出す立法主義のことを、「商行為」が基本であることから、「**商行為法主義（客観主義）**」という。商人概念を定めてこれから商行為の概念を導き出す立法主義を、「商人」が基本であるという意味を込めて「**商人法主義（主観主義）**」という。

　日本の商法典は商行為法主義を基本とするが、厳密に見ると商人概念及び商行為概念の2つが商法典の基礎となっており、商行為法主義的要素と商人法主義的要素とを併せもった「折衷主義」を採用している。すなわち、商法4条1項は、「この法律において「商人」とは、自己の名をもって商行為をすることを業とする者をいう」と定めて、商人概念が原則として商行為概念から導き出されること、すなわち「商行為法主義」を基本とすることを示しているが、この例外もある。商法4条2項は、「店舗その他これに類似する設備によって物品を販売することを業とする者又は鉱業を営む者は、商行為を行なうことを業としない者であっても、これを商人とみなす」として、商行為概念を基礎としないが商人とみなされるもの（擬制商人）を規定している。この商法4条2項は、商行為法主義の弱点を補うために、昭和13年の商法改正で新設され、2005（平成17）年に改正された規定である。すなわち、①従来の商行為の列挙という方法では、**原始生産者**の行為には商法は全く適用されない、②商行為の限定列挙という方法では経済の発展によって新たに生ずる業種には対応できない、という2つの問題の解決のため、経営の形態・企業設備に着目して、商行為概念を基礎としないが商人とみなされるものを認めた。この改正により、日本の商法は、商人法主義（主観主義）に一歩近づいたといわれる。また商法503条は「商人がその営業のためにする行為は、商行為とする」と定めて、ある種の商行為（附属的商行為）が商人概念からも導き出されるとしている。

3 日本の商法の歴史

　日本では、江戸時代に商事制度は相当に発達を遂げていたが、商取引に関しては慣習法が支配していた。現在の日本の商法は、日本の伝統的商慣習とは全く無関係に明治維新後急激な経済体制の資本主義化に伴い、外国から輸入されたものである。

　明治政府は、経済の近代化のためには先ず企業の近代化を実現する必要があり、全国8か所にそれぞれ通商会社と為替会社（一種の金融機関）とを設立して特別の保護を与えた。また1872（明治5）年には、国立銀行条例が発布され、翌年には日本最初の株式会社である**第一国立銀行**が設立された。しかし、この時点では、会社に関する一般法規はなかった。やがて統一的商法典が必要ということになり、ドイツ人**ヘルマン・ロェスレル**（Carl Friedrich Hermann Roesler 1834-1894）に命じて起草させた商法草案を基礎として、1890（明治23）年に公布されたのが、いわゆる旧商法である。

　しかしその施行をめぐって抗争があり（法典論争）、一部が1893（明治26）年に施行されただけで他は施行を延期され、結局1899（明治32）年に新たに公布されたのが現行商法（新商法）である。旧商法と新商法は、体系的にはフランス法を基にしていたが、内容的には主としてドイツ法をモデルとしていた。

　その後、商法は数多くの改正を経て、現在に至っている。改正のほとんどが会社法に関する事項である。戦前には、日露戦争後の泡沫会社の乱設に対応するための改正や（1911〔明治44〕）、第一次大戦後の日本経済の飛躍的発展に対応するための株式会社法の改正（1938〔昭和13〕）が行われた、戦後には、アメリカ法にならい、授権資本制度、取締役会制度や株主代表訴訟制度を導入した株式会社法の大改正（1950〔昭和25〕）が行われた。2001（平成13）年と2002（平成14）年には、額面株式の廃止や委員会等設置会社の導入を柱とする株式会社法の大改正が行われた。商法総則関連での戦後の大きな改正としては、1974（昭和49）年の商業帳簿の改正があげられる。これにより①貸借対照表は会計帳簿に準拠すること、②財産目録を商業帳簿から削除し、③財産の評価方法についても従来の時価以下主義が変更された。さらに、近年の企業実務の電子化を

背景に、2001（平成13）年には、従来書面により作成することを義務付けられていた会計帳簿又は貸借対照表を、電磁的記録をもって作ることができることとした。

また、2005（平成17）年には、会社法が制定され、①有限会社制度の廃止、②合同会社の創設、③株式会社の機関設計の柔軟化、④会計参与制度の導入、⑤合併対価の柔軟化など、多岐にわたる改正がなされた。同時に、商法典の大改正が行われた。これにより、①商法典の文言も従来の片仮名文語体から平仮名口語体へと変更され（ただし商行為編第4章匿名組合まで）、②商法典の総則編も、会社以外の商人を対象とする規制へと変更され、③類似商号規制の廃止などが行われた。2008（平成20）年には、保険法が制定され、商法典の商行為編第10章保険（2008（平成20）年改正前商法629条ないし683条）は削除された。

2014（平成26）年には、初めての会社法改正が行われ、監査等委員会設置会社の導入などを内容とするコーポレート・ガバナンス規制の改革及び多重代表訴訟・特別支配株主による少数派株主の締め出しの制度等を内容とする企業結合規制の整備がなされた。

会社法の主要改正一覧表については、『プライマリー会社法（第3版）』の表を参照されたい。

4　商法の法源

法源とは、法の存在形式の意味で、法の解釈適用にあたって援用することができる法形式のことである。商法の法源とは、実質的意義の商法に属する法規の各種類を意味する。これには以下の種類のものがある。

1　制定法

商事制定法の中心的存在は、「商法」という名称を付して制定された法典すなわち商法典である。日本の現行商法典は、3編から成り立っている。具体的には、第1編総則、第2編商行為、第3編海商である。

ほかに、**商事特別法**がある。これにはまず商法典の規定を補充又は変更する特別法令として、会社法（平成17法律86）、保険法（平成20法律56）、手形法（昭和

7法律20)、小切手法（昭和8年法律57)、などがある。次に商法典及び会社法の規定を施行し具体化する特別法令（付属法令）として、会社法の施行に伴う関係法律の整備等に関する法律（平成17法律87)、会社法施行規則（平成18法務省令12)、会社計算規則（平成18法務省令13)、などがある。

2　商慣習

　商慣習（法）とは商事に関する慣習法である。商法は沿革的には断片的な商慣習法として発達したものであるが、近代に入って商取引がいっそう活発になり、また中央集権国家が成立するや漸次制定法化されるに至ったものである。商法の規制の対象である企業活動は、利潤を求める商人の合理的精神により絶えず新しい創意工夫が求められ、進歩発展してやまない。ここに商事に関する成文法をもつに至った後にも、経済の新しい需要に応じて、成文法を補うものとして商慣習法が不断に発生する理由がある。商法1条2項によれば、商事についてはまず商法典を適用し、商法典に規定がないときには商慣習を適用し、商慣習もないときには民法を適用することになっている。

　商慣習法は**事実たる商慣習**とは異なると考えられてきた。事実たる商慣習は、事実上の慣行にすぎないので、当事者がこれによる意思を有するものと認められる場合にのみ考慮されるのに対して（民92条)、商慣習法は法規範たる性格を有するものであるから、当然にその適用がなされる。事実たる商慣習は法的確信が加わるとき、すなわち慣行（くりかえし）によって規範として確定されたときに慣習法となる。商慣習法も法であるから、裁判所が商慣習法に違反して判決を下したときは、法の解釈を誤ったものとして上告理由になる（民訴312条3項)。2005（平成17）年改正商法1条2項は、従来の「商慣習法」という意味で「商慣習」という言葉を用いている。

3　商事自治法

　商事自治法とは、商事について団体が構成員に対して自主的に定める法規を意味するが、これにも商法の法源としての効力が認められる。これには、会社の定款や証券取引所の業務規定がある。

　会社の**定款**とは、主として会社の組織及び活動を定めた根本規則を意味し、

会社法はその作成を要求するとともに（会社26条・575条）、一定の場合には、定款の規定が会社法の規定に優先することを定めている（会社590条1項）。取締役が法令及び「定款」を遵守すべきことを定めた会社法355条は、定款の規定が拘束力を有する旨を定めたものと解されている。これらを根拠として、定款が商法の法源であることは疑いがないことと解されている。会社は、商法その他の強行法規に反しない限り、定款によって自由に会社の組織や活動について規制することができるが、定款の法的拘束力の及ぶ範囲は、社員と会社の機関等に限られる。

金融商品取引所の**業務規程**とは、開設している金融商品市場の業務や会員による取引に関する細則を定めたものであるが、金融商品取引所の定款の細則にあたる。これは金融商品取引法により定めることを義務づけられたものであり（金商117条）、また、金融商品取引所における取引は、商法501条3号が規定する絶対的商取引であるので、これを規定する金融商品取引所の業務規定も商法の法源であると解されている。

4　商事条約

条約とはひろく国家間の合意であり、本来的には国家を拘束する。しかし、条約も、公布されることにより、国内法と同様の効力を有すると解されている。条約の中にも、**自動執行条約**（self-executing treaty）があり、商事関係を規律するものは、商法の法源となりうる。このようなものとしては、「国際航空運送についてのある規則の統一に関する条約」（いわゆる**ワルソー条約**）（昭和28条約17）があげられる。しかし、「為替手形及約束手形ニ関シ統一法ヲ制定スル条約」（昭和8条約4）、「小切手ニ関シ統一法ヲ制定スル条約」（昭和8条約7）などは、締結国に特定内容の法律を制定すべき義務を負わせるにすぎず、商事条約ではあるが商法の法源とは認められない。かかる条約は公布されても、商法の法源とはならず、条約の履行として制定された手形法・小切手法だけが商法の法源となる。

5　商法の法源の適用順序

　まず、法律の効力に関する一般原則として、条約は制定法に優位する。また、特別法は一般法に優位する。商法1条1項は、商法典が商事に関する法律であることを明言するとともに、商事特別法が、商法典の規定に優位することを定める。したがって、商事制定法・商事条約の適用順序は、①**商事条約**、②**商事特別法**、③**商法典**となる。

　商法1条2項は、商法に規定がないときは、商慣習を適用し、商慣習もないときは民法を適用する旨定めている。この規定は、商法の法源が、商法と商慣習と民法に限られるとする意味ではない。商法1条2項は、商法と商慣習と民法の適用順序を示した点に意味がある。ここでの商慣習には「事実たる慣習」は含まれない。商法1条2項の商慣習とは法の適用に関する通則法（以下、通則法という）3条の意味での「慣習」、すなわち従来「商慣習法」と呼ばれてきたものを指す。

　商法典が民法典に優先することは、特別法が一般法に優先するという原則上当然であり、商法典1条2項の規定をまつまでもないことである。商法典に規定がない場合に初めて商慣習（法）が適用されることも、通則法3条から出てくる当然の結果である。であるから、商法1条2項の意義は、民法典に対し優先する効果を商慣習（法）に認めたことにある。

　商法1条2項は、商事に関して、商法に規定がない場合であっても、直ちに民法を適用することはなく、これに関する商慣習（法）が民法に優先されるとしている。すなわち、商慣習（法）は、民法に規定がない場合ばかりでなく、民法に規定がある場合にも、それを変更する効力が認められる。

　ところで法の効力を一般的に定めたものとしては、通則法3条があり、「公の秩序又は善良の風俗に反しない慣習は、法令の規定により認められたもの又は法令に規定されていない事項に関するものに限り、法律と同一の効力を有する」と定めている。

　商慣習が民法という制定法に優位した効力をもつとする商法1条2項と、慣習に対して制定法が優先する旨を定めた通則法3条とは一見相互に矛盾するよ

うにみえる。

　通説は次のように考える。日本では、一般的には**制定法優先主義**が採用され、慣習法には、制定法改廃力が認められていないが、商法は、通則法3条の「例外」として、特に商事に関しては、商慣習（法）が民法に優先して適用される旨を定めたものである。しかし、反対説（西原寛一博士）が説くように、商慣習（法）は商法1条2項の規定が認めたものであるから、まさに通則法3条にいうところの「法令の規定により認めたもの」という要件を満たして法律と同一の効力を有し、それが民法に優先するのは特別法対一般法の関係より生ずる原則の適用にほかならないと解するのが、論理的な解釈であろう。この反対説によると、商法1条2項の意義は、商慣習（法）に法律と同一の効力を認めたという点にある。

　商慣習（法）と商法との関係であるが、すでに述べたように日本法は一般には制定法優先主義を採用しており、商法1条2項も、商慣習（法）と商法典の関係につき、制定法たる商法典が、商慣習（法）に優先することを定めている。これは、通則法3条が定めた趣旨と一致している。しかし、商法1条2項の規定の存在にもかかわらず、商事制定法に抵触する商慣習法も発生している。商慣習（法）が、これと矛盾する商事制定法があるとき、慣習法として一切認められないのは妥当でないとして、商法1条2項を削除すべきであるとの立法論もある。

2章 商法総則

I 商法の適用範囲——商人と商行為

1 固有の商人

　民法の特別法である商法の適用範囲を画する基準は「商人」概念と「商行為」概念である。商人には固有の商人と擬制商人とがある。

　固有の商人とは①「自己の名をもって」②「商行為」をすることを③「業とする者」をいう（商4条1項）。ここで①「自己の名をもって」とは、自らが営業主体となること、すなわち、営業から発生する権利義務の帰属主体となることをいう。

　次に②「商行為」とは、絶対的商行為（商501条）と営業的商行為（商502条）に列挙してある商行為を指す。現行商法は、絶対的商行為・営業的商行為・附属的商行為（商503条）の3種類の商行為を規定する。法は、まず一定の商行為を定め、そこから商人概念を導くという客観主義を原則とし、その基準となる基本的商行為として**絶対的商行為**と**営業的商行為**を定める。

　絶対的商行為の典型である「投機購買及びその実行行為」（商501条1号）とは、将来有利に販売する意思で、動産・不動産・有価証券を有償取得する行為を「投機購買」といい、その取得した物を実際に譲渡（売却）する行為を「その実行行為」という。すなわち安く仕入れて高く売り、その差額を利得する売買取引のことである。例えば、八百屋が、80円で仕入れた大根を100円で売り、差額の20円を儲けるという典型的な取引行為をいう（その他の具体的な商行為の内容は**3章**参照）。

　そして、この基本的商行為を③「業とする者」が固有の商人である。「業と

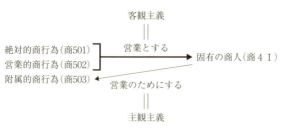

図表2-1 商行為・商人の概念

する」とは営利目的で同種の行為（基本的商行為）を反復継続して行うことをいう。営利目的とは資本的計算方法のもとに、少なくとも収支相償うことが予定されていることをいう。営利目的で反復継続の意思があれば最初の行為の時からこの要件を充たすとされる。

他方、現行法は、商人概念から商行為概念を導き出す主観主義も採り、商人が「その営業のために」する行為を**附属的商行為**（商503条）として商法の対象とする。

例えば、八百屋が野菜を仕入れるための資金を借入れる行為や、野菜を販売するために店舗を借りる行為などが附属的商行為である。附属的商行為は、営業そのものの行為ではないが営業のためになされる行為であることから商行為として商法の適用対象とされる。

このように、我が国は、原則として客観主義をとり、それに主観主義を加味する折衷主義の立場をとる（両概念の関係については総論も参照）。

図表2-1は、折衷主義の考え方を示す簡略な図式である。

2 擬制商人

法は、店舗その他これに類似する設備により物品を販売することを業とする者と鉱業を営む者を**擬制商人**と定める（商4条2項）。基本的商行為を営業として行う者が商人であるから、基本的商行為以外の行為を営利目的で反復継続しても商人とはならないことになる。しかし、同じ営利目的で営業行為をしているのに、その行為は商行為とはならず、また、その者は商人とはならず商法の適用の余地がないとすることは公平に欠ける。

コラム2-1　商人資格の取得時期

　営利社団法人である会社は、生まれながらの商人であって、商人資格と離れては存在できず、設立登記によって会社が成立した時（会社49条・579条）に商人資格を取得する。

　これに対して自然人は、商人適格は有するとしても、具体的にどのような行為をした時に商人資格を取得し、商法が適用されるのかが問題となる。法文上は商法4条の要件を充たした時点で商人となる。例えばAが八百屋を個人で営むためにB銀行から営業資金を借入れたとしよう。営業資金を借り入れる行為は営業のためにする手段的行為であり「附属的商行為」に該当する行為であり、附属的商行為は商人概念から導かれる（商503条）。

　Aが商人となるのは、開業して野菜を営利目的で仕入れて販売した時点である（商4条1項の要件を充たした時）。この時点以降に営業資金を借入れれば附属的商行為となり商法の適用対象となる。しかし、それ以前の開業準備行為としての借入行為は商行為とならず商法の対象ではないことになる。このような解釈はあまりにも杓子定規であり、商取引の実態にそぐわない。このような開業準備行為も計画的一体としての営業の不可分な一部であり、資本的計算に基づいてなされる以上、商行為として商法を適用すべきである。そこで行為主体の商人性と行為の商行為性との関係は論理的関係であって、時間的な前後関係を要求するものではなく、開業準備行為をした段階で行為者を商人と認めると同時にその行為は附属的商行為となると解すべきである。

　判例も、「特定の営業を開始する目的でその準備行為をした者は、その行為により営業を開始する意思を実現したもので、これにより商人たる資格を取得すべく、その準備行為もまた商人が営業のためにする行為として商行為になる」とする（最判昭33・6・19民集12・10・1575〔商法百選3〕）。したがってAが八百屋を個人で営もうとして営業資金を借入れた場合、いまだ開店はせず野菜を仕入れて販売していなくとも、その借入行為は附属的商行為（商503条）として商法の適用がある。

　そこで、法は、商行為を営業とする者ではないが、その経営形態・企業設備に着目して、4条1項に該当しない特定の者を商人と擬制する。例えば、Aが自己の店舗で販売する目的でBの農園で作られた野菜を仕入れて販売する行為は絶対的商行為（商501条1号）となり、それを反復して行えばAは商人となる。しかしAが自分で野菜を栽培し自己の店舗で販売した場合、いかに反復継続し

ても商行為とはならない。自分の農園でできた野菜を原始取得し販売する行為は、商人概念の基礎となる絶対的商行為（商501条）にも、営業的商行為（商502条）にも該当しないからである。また商行為とならない以上、それを営利目的で反復継続しても商人とはならない。しかし、同じく営利目的で店舗において野菜を販売する行為であるのにこのような差異があるのは不合理である。そこで1938（昭和13）年の商法改正によって、「店舗その他これに類似する設備によって物品の販売をすることを業とする者は、商行為を行うことを業としない者であっても、これを商人とみなす」こととした（商4条2項）。

また、地中から鉱物を採取した者も鉱物を原始取得しているので、その行為は基本的商行為にはあたらない。しかし鉱業を営むためには大規模な設備が必要で、その取引規模も大きいことが予想されることからその者も商人として規律することが妥当であり、擬制商人とされる（商4条2項）。

2005（平成17）年会社法制定前は、商行為をすることを業とする目的で設立された会社を固有の商人（商事会社）とし、商行為をすることを目的としないで設立された会社は擬制商人（民事会社）として商法の適用を受けるものと規定していた（旧商52条2項）。しかし、新会社法において同規定は削除され、会社がその事業としてする行為及びその事業のためにする行為は商行為とすると規定された（会社5条）。その結果、商法4条2項における擬制商人は、会社以外の形態で営業を行うものを指すこととなる。

3　小商人

固有の商人又は擬制商人に該当すれば、商法を適用するのが原則である。しかし、商人の中には、行商人や露天商のように営業規模が極めて零細な者もいる。これらのものに商法上の規定を適用するのは妥当ではないと考えられ、法は「小商人」概念を定め、小商人には、商法のいくつかの規定が適用されない（商7条）。

現行法上、その営業のために使用する財産の価額が50万円を超えないものでかつ会社でないものが小商人である。小商人の要件を定める財産の価格は、会社の資本金とは異なる。「営業のために使用する財産の価額」とは、営業のために使用する資金、商品その他の営業財産をいうのであり、積極財産から借入

金、買掛金などの負債を差し引いた純資産をいうのではない。例えば、200万円を借入れて200万円の営業用自動車を購入した者、又は代金後払いで100万円の商品を転売目的で購入した者は、小商人ではない。法は、小商人をわずかな金額で商いをする者を想定している。

具体的に小商人への適用が排除される商法上の制度は、未成年登記（商5条）・後見人登記（商6条）・商号登記を含む商業登記（商11条2項・15条2項・17条2項前段・22条）・商業帳簿の制度（第1編第5章）である。

2　商　号

1　商号の意義

(1)　**商号の意義**　商号とは商人がその営業上、自己を表示するために用いる名称をいう。法は、商人はその氏、氏名その他の名称をもってその商号とすることができる（商11条1項）とし、また、会社は、その名称を**商号**とする（会社6条1項）と規定する。

商号は、法律的には営業主体である商人を表示し、社会的・経済的に営業の同一性を表示することにより、商人の信用の標的となる機能をもつ。

(2)　**商号の選定に関する立法主義**　いかなる名称を商号とするかについては、その立法主義として、大きく2つに分けることができる。第1に商号真実主義がある。商人の氏名又は営業の実体と商号との一致を要求すべきものであり、フランス法系の国が採用する。第2に商号自由主義があり、商号は氏名や営業の実体とは関係なく自由に選定できるとするものである。英米法系の国が採用する。我が国では、古くより氏、一門を示す名称として屋号が用いられ、江戸時代には武士以外は姓（名字）を用いることが許されなかったので屋号が商号の機能を果たしてきた。そのような背景から、我が国の商法は原則として商号自由主義を採る（商11条1項）。

しかし、自由に商号を選定できるとすると、商人主体の誤認や、他の商人の営業妨害に利用するという弊害が生じるおそれがある。そこで、法は、商号の選定について下記の制限を設けている。

(i)　**会社の種類**　会社はその名称を商号とする（会社6条1項）が、会社

の種類に従い、株式会社、合名会社・合資会社・合同会社という文字を用いなければならない（会社6条2項）。

　会社は社員（出資者）の会社債権者に対する責任形態を基準に4種類の会社が法定されている。したがって、会社と取引をする者にとって会社の種類は重要な事項であり、取引安全のためにその種類を明確に示す必要があるからである。

　(ii)　会社でない者の商号　　会社でない者は、その名称また商号中に、会社であると誤認されるおそれのある文字を用いてはならない（会社7条）。一般公衆が会社でない者を会社であると誤認するのを防止する趣旨である。

　(iii)　営業主体を誤認させる商号　　何人も、不正の目的をもって、他の商人であると誤認されるおそれのある名称又は商号を使用してはならない（商12条1項、会社8条1項）。この規定に違反して名称又は商号を使用された場合、それによって営業上の利益を侵害され、又は侵害されるおそれのある商人は、その侵害の停止又は予防を侵害者に請求することができる（商12条2項、会社8条2項）。商号自由主義のもとでは、他人の氏、氏名を商号として用いることは原則として許されるが、「不正の目的」で使用することは許されるべきではないからである。なお、これらの規定(i)〜(iii)に違反した者は100万円以下の過料に処せられる（会社978条）。

　(iv)　商号単一の原則　　明文の規定はないが、商号は同一営業について1つに限られるとするのが通説の立場である。判例も「商人が数種の独立した営業をし、又は数個の営業所を有する場合においては、その各営業所につき別異の商号を有することを妨げないが、同一の営業について同一営業所で数個の商号を有することは許されない」とする（大判大13・6・13民集3・280）。なお、会社は数個の事業を行う場合であってもその商号は1つに限られる。会社の商号は、その法人格を示す名称であるからである。また会社は1つの商号しか登記をすることができない（会社911条3項2号）。

2　商号権

　(1)　**商号権**　　商人がその商号について有する権利を商号権という。商号権には**商号使用権**と**商号専用権**がある。商号使用権とは、他人に妨害されること

> **コラム2-2　商号、商標、営業標の違い**
>
> 　商号は商人が自己を表示するための名称である。したがって、氏名と同じように文字をもって表示できるものであり、かつ、呼称しうるものでなければならない。
> 　商標は、商人が製造・販売する商品を他の商品から区別するために用いるものである。
> 　営業標は、営業の同一性を示すマーク（標章）のことである。記号・図形・文字や、これらと色彩との組み合わせである。例えば、「サッポロビール株式会社」が商号、同社が製造している「黒ラベル」や「ヱビスビール」という商品名が商標であり、星印☆マークが営業標である。なお、商標が商号よりも有名になったがゆえに、商標を商号にした会社もある。例えば「富士重工業株式会社」が「株式会社SUBARU」と変更、「松下電器産業株式会社」が「パナソニック株式会社」に変更している。

なく自由にその商号を使用できる権利である。商号専用権とは、同一商号を他人が使用するのを積極的に排除できる権利である。商号権はその登記の有無にかかわらずに認められる。

（i）商号使用権　商号選定自由主義を採る我が国では、原則としてどのような商号も自由に使用できる。この使用権を侵害された場合は、商号権者は、妨害者に対して不法行為に基づく損害賠償責任を追及できる（民709条）。

（ii）商号専用権　商号を自由に使用できる現行法のもとにおいて、いかなる場合に他人が使用する商号を排除できるかは問題である。法は「不正の目的」を要件にその侵害の停止又は予防が認められるとする（商12条1項・2項、会社8条1項・2項）。

　不正競争防止法は、需要者の間に広く認識されている（周知性）他人の氏名・商号などと同一又は類似のものを使用して、他人の商品・営業上の施設または活動と混同を生じさせる行為を禁止する（不正競争2条1項1号・2号）。もしこれに違反する行為がある場合は、営業上の利益を侵害された者は、その行為の差止めを請求できる（同3条）。さらに「故意又は過失」により不正競争を行った場合は、損害賠償請求ができる（同4条）。また損害賠償に代え、又は損害の賠償とともに、営業上の信用を回復するために必要な措置を命じることを

裁判所に請求できる（同14条）。

(2) **商号の登記**　商号は、営業主体を表すとともに、信用の標的となり、企業取引上重要な事項である。したがって、会社においては、設立登記の際の必要的登記事項とされている（会社911条3項2号・912条2号・913条2号・914条2号）。会社以外の個人商人等は、登記するか否かは自由である（商11条2項）。

(3) **商号の譲渡**

(i) 商号の譲渡・相続　商号は登記の有無を問わず排他的効力が認められ、かつ財産的価値を有するので1つの独立した財産として譲渡や相続（商登30条3項参照）の対象となる。しかし、土地や自動車などの財物と同じように自由に譲渡することはできず、譲渡できる場合は限定されている。商号は商人が営業上自己を表示するために用いる名称であるから、それは営業主体を示し、信用の標的となるものである。それゆえ、営業主体についての誤認が生じるのを避けるために、商号の譲渡は「営業とともにする場合」、又は、「営業を廃止する場合」に限って認められる（商15条1項）。

(ii) 商号譲渡の対抗要件　商号の譲渡は、当事者間では意思表示のみで効力が生ずる。しかし、その譲渡を当事者以外の第三者に主張するためには対抗要件としての「登記」が必要である（商15条2項）（効力要件・対抗要件については**コラム2-4**参照）。

3　名板貸

(1) **名板貸の意義**　名板貸とは、自己の商号を使って営業又は事業を行うことを他人に許諾することをいう。名義を貸与する者は名板貸人、名義貸与を受けた者は名板借人という。

(2) **制度趣旨**　名板借人は、他人である名板貸人の商号で営業活動を行うので、名板借人の取引の相手方が営業主体を名板貸人と誤信することが予想される。そこで、そのような外観を信頼した第三者を保護するために、**権利外観法理**の規定により一定の場合に名板貸人も名板借人と連帯して責任を負うものである（商14条、会社9条）。

(3) **適用要件・法的効果**　権利外観法理とは、ドイツの学者が発展させた法理論（レヒシャイン法理 Rechtsscheintheorie）であり、権利又は法律関係が存在

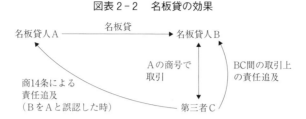

図表2-2　名板貸の効果

するかのごとき虚偽の外観を有責的に作り出した者は、外観を信頼して取引をした者に対しては、その外観に従った責任を免れないという法理である。我が国も多くの外観法理の規定により取引の安全を図っている。

そのような趣旨から、同条の適用要件として、①名板借人が名板貸人の商号を使用して独立して営業をなすこと（外観の存在）、②名板貸人の自己の名称を使用して営業をなすことの許諾（本人の帰責性）、③相手方が契約時に名板貸人を取引主体と誤認したこと（外観への信頼）が導かれる。ここで相手方が「誤認」することについて過失又は重過失があった場合をどうするかにつき解釈が分かれる。同法は名義貸人を営業主体と誤認して取引をした者を保護する規定であるから、たとえ誤認が取引をした者の過失による場合でも責任を免れないが、ただ重過失は悪意と同視すべきであるから、取引をした者に重過失がある場合には名板貸人は責任を免れるとするのが判例・通説の立場である（最判昭41・1・27民集20・1・111商法百選15）。

これらの要件を充たした場合、名板貸人は、自己を営業主と誤認して取引をした第三者に対して名板借人の取引によって生じた債務について、名板借人と連帯してその弁済の責任を負わなければならない（商14条、会社9条）。

例えば、個人商人Aが、Bに自己の商号を使用して営業を営むことを許諾し、Bが、Aの商号を用い、Cから営業販売用の商品を仕入れたとしよう。Bはその商品の代金をBC間の商品売買契約に基づく買主の義務（民555条）としてCに支払わなければいけない。他方、Aは、Cが自己の取引相手をBではなくAであると誤認した場合は、名板貸人として商法14条に基づきBが負うべき責任と同様の責任を負うことになる。その結果、CはBAいずれに対しても責任追及が可能となる（図表2-2参照）。

> **コラム2-3　営業の同種性は必要か**
>
> 　名板貸責任が問題となった事例で判例は、「自己の商号を使用して営むことを他人に許諾した場合に同法の責任を負うのは、『特段の事情』がない限り、商号使用の許諾をした者の営業と同種の営業であることを要する。」としその上で、「Yは「現金屋」の看板を掲げて営んでいた電気器具商を止めるに際し、その使用人であったAが同じ店舗で「現金屋」の商号で食料品屋を経営すること及び経営していたことを了知し、AがY名義のゴム印と印象を用いて売買取引及び銀行取引をすることを許諾していたという事情は『特段の事情』にあたる」として、Yに名義貸人の責任を認めた（最判昭43・6・13民集22・6・1171〔商法百選16〕）。この判例に対しては、特段の事情がなくとも、名板貸人はその商号の使用を許諾したかぎり原則として名板貸責任を負うべきであるとするのが通説の立場である。

3　営業譲渡

1　営業譲渡の意義・効果

(1)　**営業（会社法においては「事業」という）の意義**　　商法上の営業には、主観的意義における営業と客観的意義における営業がある。主観的意義における営業とは商人の営業上の活動をいい、「営業を行う」（商5条・6条・23条1項1号）とか「営業の部類に属する取引」（商23条1項2号、会356条1項）という場合の営業のことである。客観的意義における営業とは営業用財産のことであり、判例・通説は「一定の営業目的により組織化された有機的一体としての機能的財産」と定義する。

　商法15条以下において規定されている「営業」の譲渡に関する規定と同趣旨の規定が会社法21条以下において「事業」の譲渡に関する規律として定められている。両規定は個人の「営業」又は会社の「事業」の用語の使われ方の違いにすぎず同様の制度である。他方、会社法467条1項の「事業の譲渡」と先の両規定の意義が同じであるのかについては争いがある。この点について、判例によれば、「商法245条1項1号（会社467条1項1号）によって特別決議を経ることを必要とする営業の譲渡とは、同法24条以下（商15条、会社21条以下）にい

う営業の譲渡と同一意義であって、営業そのものの全部または重要な一部を譲渡すること、詳言すれば、一定の営業目的のため組織化され、有機的一体として機能する財産（得意先関係等の経済的価値のある事実関係を含む。）の全部または重要な一部を譲渡し、これによって、譲渡会社がその財産によって営んでいた営業的活動の全部または重要な一部を譲受人に受け継がせ、譲渡会社がその譲渡の限度に応じ法律上当然に同法25条（商16条、会社21条）に定める競業避止義務を負う結果を伴うものをいうものと解するのが相当である」と判断した（最大判昭40・9・22民集19・6・1600〔商法百選18〕）。この判例については多くの学説も、譲受会社が競業避止義務という法律上の義務を負担するに足りる程度の営業（事業）の譲渡に限定することが、商取引の実態に沿うものと理解している。

(2) 営業（事業）譲渡

(i) 営業譲渡の意義　商法上の営業譲渡とは、客観的意義の営業である、一定の営業目的により組織化された有機的一体としての機能的財産の移転を目的とする債権契約をいう。営業は一定の営業目的に供された財産（積極財産と消極財産）から構成される。

(a) 積極財産　積極財産は、物（不動産、動産）、権利（債権、担保権、及び商標権や特許権などのいわゆる知的財産権）、暖簾などの資産の部に計上できるものをいう。

(b) 消極財産　消極財産は、営業上の債務や買掛金のように「負債」の部に計上するものをいう。

(ii) 趣　旨　営業は、1個の組織的有機体としてそれを構成する個々の財産の総和を超える独自の価値を有する。このため、営業を構成する財産を個別に譲渡するのではなく、組織的一体性を維持したまま譲渡できれば、当事者の利益となるだけでなく国民経済的利益の見地からも好ましい。他方、営業それ自体は客観性を有し、営業主の変更によりその同一性への影響は少なく、取引の客体として扱うことが可能である。よって、法は企業維持の精神に基づき営業譲渡を認めている。

なお、営業譲渡に関する規制は、会社法においても事業譲渡として存するが、そこでの中心的規制は出資者である社員の保護を目的としている（会社467

> **コラム2-4** 効力要件と対抗要件
>
> 　私法関係は、権利と義務によって規律される。権利と義務を発生させ、又は権利関係を形成する人の行為を法律行為という。法律行為は権利・義務の発生などの法的効果に向けた意思表示をなすことによって成立する。効力要件とは、有効に法律行為がその本来の効果を生じるために、法が要求する一定の要件である。債権や物権その他の権利は、原則として意思表示（多くは契約）のみによって法的効果（権利義務の発生・移転・消滅など）が生じる（物権につき民176条）。例えば、契約は当事者間の「申込み」の意思表示とそれに対応する「承諾」の意思表示の合致によって成立する法律行為である。
>
> 　対抗要件とは、当事者間で生じた法律関係を、第三者（当事者以外の者）に対して主張するための要件である。例えば、私法の一般法である民法においては、動産であれば「引渡し」（民178条）、不動産であれば「登記」（同177条）、指名債権譲渡であれば「譲渡人から債務者に対する通知又は、債務者の承諾」（民467条）が対抗要件である。債務引受けについては、現行民法上規定はないが債権者・債務者・債務引受人三者の合意（三面契約）でできることには争いはなく、その合意が効力要件であり、かつ対抗要件となる。なお、債務引受けは2017年改正（2020年4月1日施行）によって明文化された（改民470条ないし474条の4）。
>
> 　商法においては、商号の譲渡につき「登記」（商号登記簿にする）（商15条2項）が対抗要件とされている。例えば商人Ａがその営業を廃止するにあたり、その商号をＢに譲渡した場合、その商号がＡからＢに移転するためには、ＡＢ間で商号譲渡契約（効力要件）を結べば足りる。しかし、Ｂがその商号は自己の商号になったことを、Ａ以外の者（例えば、Ａから、同様に商号を譲り受けたＣ）に対抗（主張）するためには、商号の移転登記が必要である。

条ないし470条）。これに対して商法総則においては、営業譲渡の当事者間の利益衡量と、営業上の債権者・債務者の保護を目的としている。

(iii) 営業（事業）譲渡の効果

(a) 営業（事業）財産を移転する義務　　営業の譲渡は、有機的一体としての機能的財産の移転を内容とする債権契約である。

　債権契約をしただけでは営業財産は譲受人に移転せず、譲渡人に対して営業を構成する財産を移転する義務が発生するだけである。したがって、かかる移転義務に基づき、譲渡人は譲受人に対して、営業財産を構成する個々の財産の

移転をし、かつ、それぞれの対抗要件を具備しなければならない。

　(b)　**競業避止義務**（商16条、会社21条）　営業の譲渡は、譲受人に譲渡人の営業をそのまま継続させ、従来の得意先や仕入先などの事実関係を譲受人に利用できるようにすることが主たる目的である。したがって、譲渡人が同種の営業を再開し、従前の得意先や仕入先の関係を維持しつつ、譲受人と市場で競合することを認めると、営業譲渡の実効性を失わせることになる。そこで、法は営業譲渡の効果と譲渡人の営業の自由との調整を図るため、譲渡人に一定の範囲において**競業避止義務**を課している。

　まず当事者間に競業避止に関する特約がなかったときは、同一の市町村の区域内及びこれに隣接する市町村の区域内においては、その営業を譲渡した日から20年間は同一の営業を行ってはならない（商16条1項、会社21条1項）。他方、当事者間に同規定と異なる特約がある場合には、原則としてその特約に従う。しかし、競業避止期間延長の特約については、その営業を譲渡した日から30年を超えない範囲においてのみ、その効力を有するとし当事者間の利益衡量を図っている（商16条1項、会社21条2項）。例えば、当事者間で50年の競業避止特約を結んだ場合、その特約が全部無効となるわけではなく、30年の範囲内で有効な特約となる。

　以上の2つの制限による競業避止義務を負わない場合でも、地域及び期間を問わず「不正競争の目的」をもって同一の営業をなすことはできない（商16条3項、会社21条3項）。

2　第三者に対する関係

(1)　営業上の債権者に対する関係

　(i)　商号を続用する場合　（商17条1項、会社22条1項）　営業譲渡がなされても、営業上の債務を営業譲渡の対象とするが否かにかかわらず、上記の債務引受手続をとらなければ、営業上の債務は依然として譲渡人に帰属する。しかし、譲渡人の商号が続用されている場合、第三者からは営業譲渡があったことがわかりにくく、営業上の債権者が営業主の交替を知りえず現営業者（譲受人）を自己の債務者と誤信してしまうおそれがある。そこで法は、譲受人が譲渡人の商号を続用する場合には、譲渡人の営業によって生じた債務については譲受

図表 2-3 商号続用と営業の譲受人の責任

人もまたその弁済をする責任を負うと規定する（商17条1項、会社22条1項）。したがって、債権者は本来の債務者である譲渡人と譲受人のいずれにも弁済請求ができることになり、譲渡人と譲受人とは不真正連帯債務の関係になると解されている。

　同条は**外観法理**の規定とされているが、相手方（営業上の債権者）の主観的要件（善意無重過失）は不要である。たとえ、営業譲渡があったことを知っていた（悪意）としても、譲渡人を探し出して弁済を受けるのが困難な場合があるからである。

　営業の譲受人がこの責任を免れるためには、営業譲渡後、遅滞なく、譲受人が譲渡人の債務を弁済する責任を負わない旨を登記するか、あるいはその旨を譲受人及び譲渡人から第三者（債権者）に通知すればよい（商17条2項、会社22条2項）。また、営業譲渡後の2年以内に、請求又は請求の予告をしない債権者は、2年が経過すると譲渡人からは弁済を受けることができなくなる（商17条3項、会社22条3項）。以後は譲受人のみが弁済の責任を負うことになる。

　例えば、Aが商号も含めてBに営業譲渡をしたとしよう。Aはそれ以前にCから営業資金100万円を借りており、その借金はAが支払うとの合意がAB間でなされ、債務引受契約もされていなかった場合には、Cはその債権（100万円を返済してくれという権利）をAにしか行使できないのが原則である。しかし、AB間の営業譲渡によりCの債権回収が困難になることは不当である。したがって、同条2項の登記若しくは通知がなされていない限り、CはBに対しても100万円の弁済請求ができるわけである（商17条1項、会社22条1項）（図表2-3参照）。

　同条の商号の続用にあたるか否かの判断基準は、会社の種類が異なる場合や、個人商人に会社であることを示す字句が付されても商号の同一性は失われないとされる。

　商号続用にあたらないとされた事例として、「有限会社米安商店」が倒産

し、第二会社として「合資会社新米安商店」が設立され、同一営業を継続した場合につき、会社の種類を変えかつ「新」の字句を付加したのは、旧会社の債務を承継しないためであると解され、旧商法26条（現会社法22条）の商号続用に該当しないとした（最判昭38・3・1民集17・2・280〔商法百選20〕）。他方、商号ではないがゴルフクラブの名称が続用された場合につき、旧商法26条（現会社法22条）を類推適用し、営業（事業）の譲受人の責任を認めたものもある（最判平16・2・20民集58・2・367〔商法百選21〕）。

　(ii)　商号を続用しない場合と債務引受広告　（商18条1項、会社23条1項）　営業の譲受人が譲渡人の商号を続用しない場合は、営業が同一であるとの外観が乏しく営業主体を誤認するおそれは少ないので、特に営業上の債権者を保護する規定を置いていない。ただ、譲受人が譲渡人の債務を引き受ける旨の広告をした場合は、禁反言の法理に基づき、譲受人は弁済責任を負わなければならない（商18条1項、会社23条1項）。この場合、譲渡人の責任は広告後2年で消滅する（商18条2項、会社23条2項）。

　では、「債務を引き受ける旨の広告」（商18条1項、会23条1項）が何を指すのかについては、債務を引き受ける旨の文言の記載がなくても、社会通念上、債権者において、営業譲受人が譲渡人の営業によって生じた債務を引き受けたものと誤信すると認められるような趣旨の広告であれば足りると理解されている。

　債務引受けの広告に当たるとされた事例として、「今般弊社は6月1日を期し品川線、湘南線の地方鉄道軌道業並に沿線バス事業を東京急行電鉄株式会社より譲受け、京浜急行電鉄株式会社として新発足することになりました」という広告につき、「右広告は、営業に因って生じた債務をも引受けた趣旨と解するのを相当とすること上述の通りであるから、営業譲受人たる上告人において、右債務を弁済すべき責を負うべきものといわなければならない。」として債務引受けの広告に該当するとした（最判昭29・10・7民集8・10・1795）。

　債務引受けの広告に当たらないとされた事例として、東京魚市場生販株式会社、東京北魚市場株式会社及び食安水産物株式会社（以下旧三会社という）が営業を廃止し、新に控訴会社（被上告会社）が設立されて旧三会社と同一の中央卸売市場における水産物等の卸売業務を開始するという趣旨の挨拶状を送ったものがある。これについて「取引先に対する単なる挨拶状であって、旧三会社

の債務を控訴会社において引受ける趣旨が含まれていない」として同挨拶状は債務引受けの広告に該当しないと判断された（最判昭36・10・13民集15・9・2320〔商法百選23〕）。

(2) **営業上の債務者に対する関係**

（ⅰ） **商号を続用する場合（商17条4項、会社22条4項）**　営業譲渡がなされても、特約により営業上の債権を営業譲渡財産から除外した場合は、依然として当該債権の債権者は譲渡人である。したがって営業上の債務者は譲渡人に弁済しなければ有効な弁済とならず債務は消滅しない。しかし、譲渡人の商号が続用された場合は譲受人が営業主体であるかのような外観が存在するので譲渡人の営業上の債務者が営業譲渡の事実を知らないで譲受人に弁済をなすことが考えられる。その場合に誤ってなされた弁済を有効な弁済と認めないと、債務者は二重弁済を強いられる危険がある。そこで法は、商号続用により債権者は譲受人であるという**外観に対する信頼を保護**するため、善意無重過失でなした譲受人に対する弁済を有効な弁済とした（商17条4項、会社22条4項）。

例えば、Aが商号も含めてBに営業譲渡をしたとしよう。Aはそれ以前にCに対して商品の代金債権100万円を有していた。その債権は営業譲渡をしてもAが取り立てるとの合意がAB間でなされ、債権譲渡手続もされなかった場合には、CはAに100万円を弁済しなければ有効な弁済とならず、いまだその債務（100万円を弁済する義務）から逃れることはできない。しかし、AB間の営業譲渡により、自己の債権者を誤認したCの保護が図られるべきである。したがってCがBを債権者として誤認（善意無重過失）してBに弁済した場合は、その弁済は有効なものとなり債務は消滅し、再度、Aに弁済する必要はなくなる（図表2－4参照）。

（ⅱ） **商号を続用しない場合**　営業譲渡がなされ、特約により営業上の債権を営業譲渡財産から除外した場合でも、商号が続用されないときは、債務者が債権者を誤信して弁済をするという危険は少ないので特に規定は設けていない。万一、債務者が善意無過失で譲受人に弁済をした場合は一般法である民法の規定によって保護されることになる（民478条）。

(3) **詐害的営業譲渡（事業譲渡）（商18条の2、会社23条の2）**　2014（平成26）年の商法改正によって詐害的営業譲渡に関する規定が設けられた。詐害的営業譲

渡とは、譲渡人が譲受人に承継されない債務の債権者（残存債権者）を害することを知って営業譲渡をした場合をいう。この場合、残存債権者はその譲受人に対して承継した財産の価額を限度として当該債務の履行を請求することができる（商18条の２第１項本

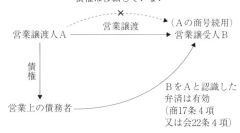

図表２-４　商号続用と譲受人への弁済の有効性

文、会社23条の２第１項本文）。この場合、営業譲渡の効力が生じるときに譲受人も残存債権者を害する事実を知っていることが必要である（商18条の２第１項但書、会社23条の２第１項但書）。この譲受人の責任は、譲渡人が残存債権者を害することを知って営業譲渡したことを知った時から２年以内に請求又は請求の予告をしない残存債権者は、その期間を経過した時に消滅する。また営業譲渡の効力が生じた日から20年を経過したときは譲受人からは弁済を受けることができなくなる（商18条の２第２項、会社23条の２第２項）。

　また、譲渡人について破産手続開始の決定又は再生開始の決定があったときは、残存債権者は譲受人に対して当該債務の履行を請求することができない（商18条の２第３項、会社23条の２第３項）。このような場合には残存債権者は他の債権者と均しく扱われるべきであり、残存債権者は破産法ないし更生手続法によって保護されることになる。

4　開示の制度

1　商業登記

(1) **商業登記の意義**　商業登記とは、商法及び会社法等の規定に基づき、商業登記簿になす登記をいう。商人に対して一定の事項を公示することを義務づけることにより、商人と取引に入る第三者の保護を図るとともに、商人自身の信用の確保にも資する制度である。

　商業登記簿には、商号登記簿・未成年者登記簿・後見人登記簿・支配人登記

簿・合名会社登記簿・合資会社登記簿・株式会社登記簿・合同会社登記簿・外国会社登記簿の9種がある（商登6条）。登記事項や登記の効力などは実体法である商法・会社法に規定され、具体的な手続は商業登記法及び商業登記規則の規定によって行われる。

(2) **商業登記事項**　商人に関する情報を開示することにより、その商人と取引に入ろうとする者は取引相手の重要な情報を得ることができ、他方、情報を開示する商人は信用を得ることができる。しかし、取引に入ろうとする相手方と商人が信用を得るために開示したい情報の内容は往々にして一致しない。そこで法は、両者の調整を図り登記事項を定める。

商人が必ず登記しなければならない事項を**絶対的登記事項**という。例えば会社の商号（会社911条3項2号）がある。他方、登記するかどうかは商人の自由に任されている事項を相対的登記事項という。例えば、個人商人の商号（商11条2項）がある。**相対的登記事項**であってもいったん登記がなされると、その変更・消滅を必ず登記しなければならない（商10条、会社909条）。

(3) **商業登記手続**

(i) **当事者申請主義**　商業登記は、原則として当事者の申請により、管轄登記所において、登記官が商業登記簿に登記事項を記入することにより行われる（商8条・10条、商登14条・17条）。

(ii) **登記官の審査権に関する立法主義**　登記官にいかほどの審査権限があるかについては、①登記官は、登記申請事項が登記事項であるか、その登記の管轄に属しているか、申請書などが法定の形式を備えているかを審査する権限しかないとする形式的審査主義の立場と、②登記官はそれに加えて、登記事項が真実であるか否かについてまで審査する権限と義務があるとする実質的審査主義の立場がある。現行法は、登記申請の却下事由を個別的に列挙し、登記官の審査権の範囲を明確にしている（商登24条）。またその大部分は形式的事由であることから、現行法は形式審査主義を採るものと解される。

(4) **商業登記の効力**

(i) **商業登記の一般的効力**

(a) **消極的公示力（登記前の効力）**　商業登記は登記の前後によって原則的な効力を分けている。

登記すべき事項は、登記（及び公告）の後でなければ、その登記事項たる事実が実体法上成立し、又は存在していても善意の第三者に対抗できない（商9条1項前段、会社908条1項前段）。

「登記すべき事項」とは、絶対的登記事項のほか、登記した相対的登記事項の変更・消滅をいう。「善意」とは、第三者が取引の時に登記事項である事実を知らなかったことをいい、過失の有無は問わない。「対抗することができない」とは、登記事項たる事実を、善意の第三者に対してのみ主張できないことをいう。したがって、登記事項である事実を第三者側から当事者に主張することや、その事実（法律関係）の当事者間や悪意の第三者に対しては主張することができる。

(b) 積極的公示力（登記後の効力）　登記すべき事項は、これを登記した後はその事項を善意の第三者にも対抗できる。ただし、登記後であっても、第三者が正当な事由によってその登記があることを知らなかったときは、当事者は登記事項をこの第三者に対抗することができない（商9条1項後段、会社908条1項後段）。通説は、登記によって、第三者はその事実を知ったものとされる（悪意擬制）と解している。ただし、第三者が「正当な事由」によってこれを知らなかったことを証明すれば当事者は登記事項をこの第三者に主張することができない。「正当な事由」とは、台風や地震などで登記所の事務が停止した時や、交通途絶により登記簿の閲覧ができないなど、登記を知ろうとしても知ることができない客観的障害がある場合をいい、病気や出張のような主観的事由は含まれない（最判昭52・12・23判時880・78〔商法百選8〕）。

(a)(b)の効力は、登記事項に該当する事実が実体法上成立し、又は存在していることが前提である。

(ii) 商業登記の特殊的効力　登記は、既存の事項を広く公示する制度であり、原則として登記することにより新しい権利義務や法律関係を発生させるものではない。しかし、法は登記を新しい法律関係の発生や効力発生の条件としている場合がある。

(a) 創設的効力　登記によって新たな法律関係が創設される場合の効力を創設的効力という。会社の設立登記（会社49条・579条）、会社の新設合併登記（会社754条1項・756条1項）、新設分割登記（会社764条1項・766条1項）、株式移

転登記（会社744条）等がある。

　(b) 補完的効力　　登記がなされると、それ以後、法律関係における瑕疵を主張できなくなる場合がある。登記によって瑕疵が治癒されたのと同じ効果を認めるものであり、これを補完的効力という。例えば、株式会社の設立時における株式引受行為の瑕疵の主張の制限がある（会社51条2項・102条6項）。

　(c) 付随的効力　　登記がなされることによって、一定の行為が許容されることや、一定の行為が免責される場合がある。これを付随的効力という。例えば、持分会社の社員の責任（会社580条）は、退社の登記から2年で免責される（会社612条2項）。

(5) **不実登記の効力**

(i) 意　義　　故意又は過失によって不実の登記をした者は、それを真実であると信頼した者（善意の第三者）に対して、それが虚偽であることを対抗することができない（商9条2項、会社908条2項）。

　商業登記は、登記事実の公示を目的とするので、登記事実が有効に存在することが前提となる。その前提となる事実が存在しない場合は、登記がなされても何らの効力も生じないはずである。しかし、不実の登記を真実と信頼した第三者に不測の損害が生ずるおそれがある。そこで登記への信頼を保護することによって商業登記制度の公示機能を保障している。例えば、実際に支配人に選任されていない者を支配人に選任した旨の登記がなされても、その者は支配人になることはない。その者が支配人として営業主を代理して取引をしてもその法的効果は営業主に帰属しないはずである。しかし、その登記が営業主の故意若しくは過失によってなされた場合には、同条により、営業主はその者が支配人ではないことを知らずに取引をなした善意の第三者に対して、その取引に関する責任を負わなければならない。

(ii) 商9条2項、会社908条2項の要件・効果　　同条は**外観法理の規定**であるとすれば、その適用要件として、①虚偽の外観の存在、②外観作出についての本人の帰責性、③相手方（第三者）の外観への信頼が必要である。

　ここで、①外観の存在とは、真実と異なる登記があることであり、②本人の帰責性とは不実の登記をした者に故意または過失があることをいう。不実の登記をした者とは、登記申請者のことであり、個人商人であればその商人、会社

であれば代表者を通じて申請する会社である。次に、③外観への信頼とは、同条が外観法理の規定とすれば、第三者が登記を見てそれを真実であると信じたことが必要となりそうである。しかし、判例・通説は、登記と事実が相違していることを知らないこと（善意）をいい、登記を見てそれを真実であると信じたことは必要ではないとする（最判昭47・6・15民集26・5・984〔商法百選9〕）。また、第三者の過失の有無は問わないとするのが判例・通説の立場である。公示を制度化した商業登記簿の外観を信頼した者を保護するにあたり、第三者の過失の有無を問題とすることは妥当ではないからである。

　①〜③の要件を充たした場合、不実登記の申請者は、善意の第三者に対して、その事実の不実なることを対抗できない。

2　商業帳簿

(1)　**商業帳簿の意義**　　商人の会計は、一般に公正妥当と認められる会計の慣行に従わなければならず（商19条1項）、商人は、その営業のために使用する財産について、法務省令で定めるところにより、適時に、正確な商業帳簿を作成しなければならない（商19条2項）。

　商人がその財産及び損益を明らかにするために商法によって作成を義務づけられている帳簿を**商業帳簿**という。商業帳簿とは会計帳簿と貸借対照表をいう。同条は商人の合理的企業経営のためのみならず、商人と取引関係に入る者などの利害関係者にとって有益な情報として必要であることから規定されている。そのため、帳簿閉鎖の時から10年間、その商業帳簿及びその営業に関する重要な資料を保存しなければならず（商19条3項）、裁判所は、申立又は職権で訴訟の当事者に対し、商業帳簿の全部又は一部の提出を命ずることができる（商19条4項）。

(2)　**会計帳簿**　　会計帳簿とは、商人が一定時期における営業上の財産とその価額及び取引その他営業上の財産に影響を及ぼすような事項を記載した書面又は電磁的記録をいう。取引その他営業上の財産に影響を及ぼすような事項とは、取引などの法律行為以外の不法行為、地震台風などの天災等のあらゆる事象が含まれる。

　会計帳簿には、主要簿として、日記帳（取引を発生順に記載したもの）・仕訳

帳・総勘定元帳があり、補助簿として、仕入帳・売上帳・手形記入帳がある。

(3) **貸借対照表** 貸借対照表とは、商人の一定時点の財産の状況及び損益計算を明らかにする帳簿であり、一決算期における営業上の総資産を資産の部（借方）と負債の部・純資産の部（貸方）に分けて記載される。

貸借対照表の作成時期は、個人商人については開業時及び営業年度の末日、株式会社については会社成立の日及び事業年度の末日である（商規7条、会社435条1項・2項、会社計算59条2項）。個人商人は会社とは異なり、損益計算書の作成は義務づけられていない。

5 企業の補助者

1 商業使用人（企業内補助者）

(1) **商業使用人制度**

(i) **企業の補助者** 商人は企業規模拡大のために、他人の労力を利用せざるを得ない場合や、また他人の労力を利用する方が合理的な企業活動ができる場合がある。そこで法は、企業内補助者としての商業使用人と、他人の営業を補助することを業とする独立の商人である企業外補助者として仲介業者（代理商、仲立人、取次商）を規定する。

本章では、商法総則に規定する「特定の商人」の補助者である**商業使用人**と**代理商**を扱う。

(ii) **商業使用人の意義** 商業使用人とは、雇用契約により特定の商人に従属して、その対外的な商業上の業務を補助する者をいう。対外的業務の補助をする者であるから、営業主に代わって取引をするための権限（代理権）が必要になる。商法と会社法の商業使用人規定は他人効制度である民法の「代理」（民99条以下）規定の特則である（総論3頁参照）。この商業使用人制度の趣旨は、商業使用人の代理権の発生・変更・消滅及び範囲を明確にすることにより、取引の円滑・安全を図ることである。

法はその代理権の範囲によって3種類の商業使用人を規定する。

①一番広範な代理権を有する支配人（商21条、会社11条）、②ある種類又は特定の事項の委任を受けた使用人（商25条、会社14条）、③物品の販売等を目的と

する店舗の使用人（商26条、会社15条）である。

(2) 支配人

（ⅰ）支配人の意義　営業主に代わり、その営業に関する一切の裁判上又は裁判外の行為をなす権限を有する商業使用人（商21条1項、会社11条1項）をいう。

会社以外の商人は、支配人を選任し、その営業所においてその営業を行わせることができる（商20条）。会社も、支配人を選任し、その本店又は支店において、その事業を行わせることができる（会社10条・362条4項3号・591条2項）。

支配人は営業主との間で代理権の授与を伴う雇用契約を結んでいるので、代理権の消滅事由（民111条）又は雇用契約の終了事由の発生により終任となる。

支配人の選任と終任については営業主に登記義務を課している（商22条、会社918条）。

（ⅱ）支配人の代理権（**支配権**）　支配人制度の趣旨は、商人の企業規模の拡大を図るとともに、支配人と取引をする相手方を、支配人の代理権の有無や範囲に関する実質的調査から開放し、取引の円滑・安全を図ることにある。したがってその代理権の範囲は法定されている。

（a）営業に関する行為　「営業に関する行為」とは営業の目的たる行為（営業としてなす行為）のほか営業のために必要な行為も含む。また、ある行為が営業主の営業に関する行為であるか否かは、その行為の性質・種類等を勘案して客観的・抽象的に観察して決せられる（最判昭54・5・1判時931・112〔商法百選29〕）。

（b）一切の裁判上又は裁判外の行為

①　支配権の包括性（商21条1項、会社11条1項）　「裁判上の行為」とは、営業に関する一切の訴訟行為について、営業主の訴訟代理人になることができることをいう。訴訟代理人の資格は法定されており、通常は弁護士であるが、支配人もこれに含まれる。

「裁判外の行為」とは、ひろく私法上の適法行為をいい、営業に関する資金の借入、仕入れ、販売などの取引行為がこれにあたる。

このように、営業主の営業に関する包括的な支配人の代理権を支配権という。支配権の範囲を法定することにより企業と取引に入ろうとする第三者は、

支配人の権限を調査する手間を省くことができる。支配権は営業主の営業によってその範囲が画されることになる。営業は商号によって外部的に表示され個別化され、また営業所によって場所的に統一される。したがって、支配権は商号及び営業所によって個別化された範囲に限定される。会社は商号を1つしか持てないので会社の支配人の支配権は営業所毎の支配権となる。

　② 支配権の不可制限性（商21条3項、会社11条3項）　支配権は包括的な代理権であり、その範囲は法定され定型性を有するため、その範囲を任意に変えることはできない。しかし、これは取引安全のために定型化されたものであるから、企業保護のために企業内において支配権の範囲を制限することをも許さないものではない。

　法は、内部的制限をすることを認めたうえで、善意（その内部的制限を知らない）の第三者に対抗することができないとする（商21条3項、会社11条3項）。

　(iii) 支配人の義務

　(a) 一般的な義務（民623条・643条・644条）　支配人と営業主との任用契約は、雇用契約と委任契約の混合契約である。したがって雇用契約上の服務義務や委任契約上の善管注意義務などの一般的義務を負う。

　(b) 特別な不作為義務（商23条1項、会社12条1項）　支配人はその広範な代理権を持つことからその権限の濫用を防ぐために、法は特別の不作為義務（特定の行為をしないこと）を定める。その義務を**競業避止義務**といい具体的には次の2つの義務を内容とする。

　① 狭義の競業避止義務　支配人は、営業主の許可を受けなければ、自己または第三者のために、その商人の営業の部類に属する取引をすることができない（商23条1項2号、会社12条1項2号）。支配人は広範な権限を持ち、営業上の機密に精通していることからこれを利用して自己または第三者の利益を図ることを防ぐ趣旨である。

　支配人が同義務に反して競業取引をした場合は、解任の正当事由になる（民628条・651条2項）。また営業主は債務不履行責任（民415条）を問うことができる。この場合の営業主の損害は支配人又は第三者が得た利益の額と推定される（商23条2項、会社12条2項）。しかし、当該競業取引自体は無効とはならないと解される。なぜならば企業内での義務違反の効果を、対外的に及ぼすのは取引

安全の見地より妥当ではないからである。

　同趣旨の競業避止義務の規定は、代理商（商28条、会社17条）、株式会社の取締役（会社356条）、執行役（会社419条2項）、持分会社の執行社員（会社594条）にもある。

　②　営業禁止義務（精力分散防止義務）　支配人は、営業主と従属関係にあるので、兼業による精力の分散を防ぎ、全力を尽くして営業主のために職務を行うことを期待されており、営業禁止義務が課せられている（商23条1項1号3号4号、会社12条1項1号3号4号）。これは、商法上は支配人にのみ課せられた義務である。

(3)　表見支配人（商24条、会社13条）

(i)　意　義　ある者が支配人であるか否かは、その者が営業主から支配権を与えられているか否かによって決まる。支配人の名称を付されているが実際には支配権を与えられていない者を表見支配人という。表見支配人が支配人として取引をしても、支配人としての代理権限はないのであるから、その行為は無権代理行為となり、原則としてその法的効果は営業主に帰属することはない（民99条1項・113条）。しかし、表見支配人を支配人と誤信した取引相手を保護する必要がある。そこで法が**外観法理**に基づき、かかる相手の信頼を保護し取引の安全を図っている（商24条、会社13条）。

(ii)　同条の要件・効果　同条が権利外観法理であることから、その要件として、①営業所の主任者であることを示す名称が付されていること（外観の存在）、②営業主が営業の主任者であることを示す名称の使用を許諾していること（本人の帰責性）、③相手方が支配人と誤認したこと（外観への信頼）が導かれる。

　①　同条の「営業所」（商24条）「本店又は支店」（会社13条）は、営業所としての実質を備えていることが必要である（最判昭37・5・1民集16・5・1031〔商法百選27〕）。

　②　営業主の名称の使用についての許諾は、明示であるか黙示であるかを問わない。

　③　同条の適用が排除される「悪意」とは、相手方が取引時に表見支配人が支配人ではないことを知っていたことである。また条文上明示されてはいない

が、同条の趣旨から、取引上保護に値する信頼でなければならず、取引の相手方は単なる善意では足らず、無重過失であることを要する（最判平2・2・22裁判集民159・169）。

上記①ないし③の要件を充たした場合は、表見支配人のした営業に関する行為のうち、裁判外の行為につき、支配人と同一の権限を有するものとみなされる。したがって、営業主は、真実の支配人が代理行為をなした場合と同様の責任を、相手方に対して負わなければならない。

(4) その他の商業使用人

(i) ある種類又は特定の事項の委任を受けた使用人（商25条、会社14条）　ある種類又は特定の事項の委任を受けた使用人は、当該事項に関する一切の裁判外の行為をする権限を有し（商25条1項、会社14条1項）、営業主がその代理権に加えた制限は善意の第三者に対抗することができない（商25条2項、会社14条2項）。商人の営業における仕入れ、販売、資金繰りなどの特定の事項に関しての包括的代理権を与えられた使用人をいう。部長・課長・係長などの名称（職階）を付されることが多い。代理権の範囲が包括的かつ不可制限的なものである点で支配人の代理権と共通するが、その範囲は営業全般に及ばず、特定の種類や事項に関する裁判外の行為に限定される点が支配人と異なる。

(ii) 物品販売店舗の使用人（商26条、会社15条）　物品を販売する店舗においては、その店舗の使用人は販売権限（代理権）を与えられていると考えるのが通常である。そこで取引安全のため、たとえ販売権限を与えられていなくとも、販売権限を有するものとみなされる。しかし販売権限がないことを知っている（悪意）第三者は、保護の必要はないので除外される（商26条但書、会社15条但書）。

2　代理商（企業外補助者）

(1) 意　義　　代理商とは、商人のためにその平常の営業の部類に属する取引の代理または媒介をする者で、その商人の使用人でないものをいう（商27条、会社16条）。「平常」とは本人たる商人との間に継続的委託関係があることをいい、その委託業務は取引の「代理」又は「媒介」である。代理商は商業使用人ではなく独立した商人である（商502条11号12号・4条1項）。本人の営業の

部類に属する取引の代理とは、本人のために相手方との間で営業に関する契約を締結することであり、この場合の代理商を締約代理商という。取引の媒介とは、本人と相手方との間で契約成立のはこびに至るよう各種の仲介・斡旋・勧誘的事務を行うことであり、この場合の代理商を媒介代理商という。

商人が営業範囲を地域的に拡大する場合、その地方の事情に精通した商人を利用することにより、その知識・経験等を活用できる。各地に営業所を設けて商業使用人を置くよりも、手数料制度などにより経費を節約することができ、また、業務監督の回避や企業規模の弾力的な伸縮も可能となる。このような経済的機能を果たすのが代理商である。例えば、保険代理店や旅行代理店が代理商である場合が多い。

(2) **代理商と本人の関係（代理商の義務）**　代理商と本人の間には代理商契約が結ばれる。締約代理商は本人のために取引の代理をなすことの委託を受けるのでその代理商契約は委任である（民643条）。媒介代理商は本人のために取引の媒介をなすこと（法律行為ではない事務）の委託をうけるので準委任である（民656条）。したがって締約代理商も媒介代理商も本人に対して善管注意義務を負うことになる（民644条）。また、それ以外にも現行商法は、代理商に下記の特別の義務を課している。

(i)　通知義務（商27条、会社16条）　代理商が取引の代理又は媒介をしたときは、遅滞なく本人に対してその通知を発信しなければならない。民法の委任においては、受任者は、委任者の請求があるときは、いつでも委任事務の状況を報告し、委任が終了した後は、遅滞なくその経過及び結果を報告しなければならない（民645条）。代理商と本人との関係は商人間の委任・準委任の関係であることを重視し、かつ商取引の迅速性の要請から同条の特則を定めている。代理商に個々の取引の代理又は媒介ごとに本人からの請求をまたず、委任が終了したか否かにかかわらず遅滞なく本人に通知する義務を負わせているのである（商27条、会社16条）。

(ii)　競業避止義務（商28条、会社17条）　代理商は本人の許諾を受けなければ、自己又は第三者のために商人の営業の部類に属する取引を行ってはならず（商28条1項1号、会社17条1項1号）、又は同種の事業を行う会社の取締役、執行役又は業務を執行する社員になることはできない（商28条1項2号、会社17条

1項2号)。代理商が、特定の商人の継続的補助者であるがゆえに、商人の営業に関して知りえた知識を利用し、商人の犠牲において、自己又は第三者の利益を図るのを防止する趣旨である。支配人の**競業避止義務**と同趣旨であるが、代理商は独立の商人であることから、支配人とは異なり本人の営業の部類に属さない取引や、本人の事業と異なる事業の会社の役員等になることは自由である。

(3) **代理商と本人の関係（代理商の留置権）**　代理商は取引の代理又は媒介をしたことによって生じた債権の弁済期が到来しているときは、その弁済を受けるまでは、その商人（本人）のために占有する物又は有価証券を留置できる（商31条、会社20条）。代理商には、民法の留置権（民事留置権）（民295条）及び商人間の留置権（商事留置権）（商521条）の適用があるが、これ以外に**代理商の留置権**を特に定めたのは、仲介業務の性質及び商人との間の継続的な法律関係を考慮したためである。

代理商の留置権の要件は下記のとおりである。

(i) **担保される債権**　代理商としての取引又は媒介によって生じた債権だけが対象である。例えば、手数料債権、立替金請求債権などである。留置の目的物に関して生じた債権である必要はない（一般的牽連性）。この点は商人間の留置権と同じであるが、留置の目的物と被担保債権とのつながりを要する（個別的牽連性）民法の留置権とは異なる。これは代理商と本人の間には継続的な契約関係があり、その取引関係の一体性を鑑みれば個別的牽連性を要求するのは公平ではないからである。

(ii) **留置の目的物**　留置の目的物は本人のために代理商が占有する物又は有価証券である。債務者たる本人の所有物である必要はなく、また債務者（本人）との商行為によって代理商の占有に帰したことを要しない点で、商人間の留置権とは異なり、むしろ民事留置権に近い。代理商の場合には、本人のために第三者より引渡を受けたがいまだ本人の所有に属しない物又は有価証券を占有することもあり、それらを留置する必要性が高いからである。

(4) **代理商と第三者との関係**　代理商が本人の営業に関していかほどの業務ができるか、権利を有するかは、基本的には本人との代理商契約の内容によって決まる。代理商が本人から与えられた代理権の範囲を越えた行為をした時などに関する規定は商法にはなく、一般法である民法の表見代理（民109条・110

条・112条）規定によることになる。また、媒介代理商は取引の媒介をなす権限のみを有し代理権は授与されていない。商法は商取引の迅速かつ円滑な決済のために、買主に目的物の遅滞のない検査及び瑕疵の通知義務を負わせている（商526条）。しかし、代理商は、代理商契約で別段の定めをしない限り、この通知義務や売買に関する通知を受ける権限を有してはいない。そこで法は代理商を通じて取引をした買主保護のために、物品の販売その媒介の委託を受けた代理商に、売買の目的物の瑕疵又は数量不足、その他売買の履行に関する**通知を受ける権限**を与えている（商29条、会社18条）。

(5) 代理商関係の終了

(i) 代理商契約の終了事由　代理商契約は、委任契約であるから、委任の一般的な終了原因（民653条）によって終了するのが原則である。他方、法は、商行為の委任による代理権は本人の死亡によって消滅しないと定める（商506条）。したがって、締約代理商の場合には、本人が死亡してもその代理商契約は終了しないことになる。代理権を有しない媒介代理商の場合は商法506条の規定が適用されないので、民法の原則通り、本人の死亡によって終了すると解することもできる。しかし、代理商は本人の企業組織の一環をなしているものであり、締約代理商と同じく本人の死亡により代理商契約は終了しないと考えるのが妥当である。

(ii) 代理商契約の解除　代理商契約は委任・準委任契約である。民法の委任の規定によればいずれの当事者（委任者と受任者）もいつでも解除することができる（民651条1項）。しかし、法は代理商契約について同規定の特則を設けている。当事者が契約の期間を定めていないときは、各当事者は2ヵ月前に予告して契約を解除できる（商30条1項、会社19条1項）とし、2ヵ月前の予告を要している。これは代理商契約が継続的性質を有し、特に信用を重視することを考慮しての特則である。ただ、契約の期間を定めているか否かを問わず、やむを得ない事由があるときは、いつでも解除できる（商30条2項、会社19条2項）。これは信頼関係を基礎とする委任の原則どおりである。

3章 商行為法

I 商行為とは何か

1 企業取引の特徴

　商法は、企業が当事者の一方又は双方となって行われる取引（以下、本章において「企業取引」という）における法律関係を規律するため、民法に優先して適用される特別な規定を置く。

　企業は営利を得る手段として取引を行う（営利性）。そのため、企業取引では、各企業が自ら立てた計画にしたがって（計画性）、同じ種類の商品について個人間の取引にはないような大量の取引が行われるほか（大量性）、同様の取引が何年もの間繰り返されることも多い（反復性・継続性）。このような取引を複数、同時並行的に反復継続して行う上では、ある程度取引を定型化することが望ましい（定型性）。また、企業取引においては、商人でない個人間の取引と比べ、迅速な処理や決済を行う必要性も高い（迅速性）。そして、過去の取引の有効性が後になって覆されることは、できる限り避けなければならない（取引の安全の保護）。

　そこで商法は、これらの特性を考慮して、とりわけ取引の安全の保護と迅速性の確保を実現するために、企業取引に関する様々な法規整を置く。なお、経済的合理性に基づく当事者の判断に従って行われる企業取引では、契約自由の原則を徹底する必要がある。そのため、企業取引に適用される規定の多くは任意規定である。

　商法の適用範囲を画する概念として、商人概念とともに重要なのが、**商行為概念**である。商行為に該当する行為には、民法の規定に優先して、商法第2編

> **コラム3-1** 商行為と企業取引
>
> 商法は、商行為や商人間の売買といった用語を用いるが、一般用語には、これらと近い意味を持つものも多い。
>
> 本章では、企業が当事者の一方又は双方となって行われる取引を企業取引と表現する。企業取引には、当事者の双方が企業である企業間取引（B to B 取引）と、当事者の一方が企業であり、他方が消費者である消費者取引（B to C 取引）がある。また、企業という用語にも、厳密には様々な定義があるが、ここでは私企業を念頭に、会社や組合、個人商店を含む幅広い概念として用いる。また、取引も、売買に限らず幅広い内容を含む用語として用いる。
>
> 他方、商行為も幅広い概念であるが、その内容は企業取引と概ね一致する。ただし後述するように、商行為の主体には商人ではない個人も含まれ、また商人と企業の定義にも差があることから、商行為と企業取引の内容は完全に一致するわけではない。

第1章（商501条ないし522条）の規定が適用される。以下で説明するように、これらの規定には、あらゆる商行為に適用されるもの、商人による商行為に適用されるもの、商人間で行われる売買に限って適用されるものがある。

2　商行為の種類

商行為には、商法が適用される。これは、当該行為が取引当事者の双方にとって商行為となる場合（双方的商行為）はもちろん、一方についてのみ商行為となる場合（一方的商行為）でも変わりはない（商3条）。

例えば、電化製品の販売業を営む小売業者が、卸売業者から仕入れた電化製品を一般の消費者に販売した場合を考えよう。この場合、卸売業者と小売業者の間の売買は双方的商行為であり、小売業者と消費者の間の売買は一方的商行為である。いずれの取引についても、当事者の双方に商法が適用される。ゆえに、小売業者から電化製品を買った消費者は、たとえ商人でなくとも、この売買については商法の適用を受ける。

では、商行為とは何か。商法は、商行為を**絶対的商行為・営業的商行為・附属的商行為**の3つに分類する。このうち、絶対的商行為と営業的商行為は、行

為の特性による分類であり、これらをあわせて**基本的商行為**という。基本的商行為を業として行う者が商人である。また、附属的商行為とは、商人が営業のために行う補助的な行為である。

(1) **絶対的商行為**　絶対的商行為とは、特に営利性や投機性が強く、1回限りの意思で行う場合にも商行為となる行為を指す。そのため、商人ではない個人が絶対的商行為を行った場合にも、商法が適用される。

絶対的商行為は、商法501条が列挙するものに限られる。すなわち、①転売して利益を得る目的で行う動産、不動産若しくは有価証券の有償取得又はその取得したものの譲渡を目的とする行為、②先に売る約束をした後に、その物を安く買い入れることで差額を利益とするために行う動産・有価証券の供給契約及び有償取得、③取引所においてする取引、④手形その他の商業証券に関する行為である（商501条各号）。

では、例えば、観光旅行に行った者が自分用のお土産として買った置き物を、帰宅後に友人に売却する場合、この行為は①にあたるか。この例では、購入時には友人に転売する意思がないので、①には該当しない。同様に、次の(2)で挙げる①も、行為時に「賃貸する意思」があったかどうかが、営業的商行為の判断基準となる。

(2) **営業的商行為**　営業的商行為とは、営利の目的をもって反復・継続して行われる行為である。判例・通説によれば、営業的商行為も商法502条が列挙するものに限られる（最判昭50・6・27判時785・100）。すなわち、①賃貸する意思をもってする動産若しくは不動産の有償取得若しくは賃借又はその取得し若しくは賃借したものの賃貸を目的とする行為、②他人のためにする製造又は加工に関する行為、③電気又はガスの供給に関する行為、④運送に関する行為、⑤作業又は労務の請負、⑥出版、印刷又は撮影に関する行為、⑦客の来集を目的とする場屋における取引、⑧両替その他の銀行取引、⑨保険、⑩寄託の引受け、⑪仲立ち又は取次ぎに関する行為、⑫商行為の代理の引受け、⑬信託の引受けである（商502条各号）。

なお、もっぱら賃金を得る目的で、物を製造したり労務に従事したりする者の行為は、営業的商行為にはあたらない（同但書）。小規模な内職などについてまで、商行為としての規整をかける必要性は乏しいためである。

(3) **附属的商行為**　附属的商行為とは、商人がその営業のためにする行為を指す（商503条1項）。商人が営業のための手段として行う行為は商取引の一環として行われるため、たとえ当該行為に営利性や反復継続性がなくとも、商法が適用される。この商人には、基本的商行為を業として行う固有の商人（商4条1項）だけではなく、擬制商人（同2項）も含まれる。

附属的商行為には、営業に直接関連する行為（販売した商品の運送依頼など）のほか、営業を補助する行為（銀行との融資契約など）や営業を有利に導く行為（取引相手の便宜を図るために行う債務保証など）も含まれる。また、附属的商行為は法律行為に限らず、準法律行為や事実行為も含むと解されている。

なお、個人商人は、商人としての行為以外に、私生活のための行為も行っている。しかし、附属的商行為とそれ以外の行為を明確に区別するのは難しい。そこで商法は、商人の行為は営業のためにするものと推定し（商503条2項）、その行為が営業のためになされたものではないと証明しない限りは、商行為として取り扱う。

これに対して、会社の行為については、商行為に該当しないものはないと解するのが通説である（会社5条も参照）。しかし判例は、会社の行為が商行為であることについて反証の余地を認めており、会社の行為すべてが商行為となるわけではないとの立場に立つ（最判平20・2・22民集62・2・576〔商法百選36〕）。

3　企業取引に関する特則

商法は、1で挙げた企業取引の特徴を踏まえ、民法の一般原則に対する様々な特則を置く。

(1) **報酬請求権・利息請求権**　商人は、その営業の範囲内において他人のために行為をしたときには、相当の報酬を請求することができる（商512条）。例えば、委任契約における受任者は、原則として報酬を請求できないが（民648条1項）、受任者が商人である場合には、企業取引の営利性から、委任者に対して当然に報酬を請求できる。なお、請求できる額は、取引通念上合理的な額である。

同様に、民法では原則無償とされている消費貸借契約（民587条）についても、商人間の金銭消費貸借の場合は、貸主は当然に法定利息を請求することが

できる（商513条）。

(2) **契約の成立に関する特則**　商法は、企業取引を迅速に成立させるため、以下のような特則を置く。

まず、商人間の対話において、一方から契約の申込みがなされた場合、申込みを受けた者が直ちに承諾をしなかったときは、その申込みは効力を失う（商507条）。

また、商人である隔地者から、承諾の期間を定めない契約の申込みを受けた者が、相当の期間内に承諾の通知を発しなかったときは、その申込みは効力を失う（商508条）。民法ではこのような場合、申込者は、承諾を受けるのに相当な期間は、申込みを撤回できない（民525条1項）。これに対して、商法は、時間の経過によって自動的に申込みが失効する旨を定め、より迅速な決着をはかっている。ただし、申込者は、遅れてなされた承諾を新たな申込みとみなすことができ（商508条2項、民524条）、この申込みを承諾すれば契約は成立する。

さらに、平常取引をする者から、その営業の部類に属する契約の申込みを受けた商人は、遅滞なく、契約の申込みに対する諾否の通知を発しなければならない（商509条1項、**諾否通知義務**）。「平常取引をする者」とは商人に限らず、それまでに継続的な取引関係があり、今後も取引の反復が予想される者も含む。

申込みを受けた商人が諾否の通知をしない場合は、申込みを承諾したものとみなされる（同2項）。継続的な取引関係がある場合には、申込者は承諾を受けられると期待することから、申込みに対する明示又は黙示の承諾がなくとも契約の成立を認めることで、申込者の信頼を保護するとともに、取引の迅速化をはかっている。

(3) **送付物品保管義務**　企業取引においては、申込者が、契約の申込みと同時に、契約の目的物を見本として送付したり、取引の成立を見越して目的物の一部または全部を送付することがある。この段階ではまだ契約は成立しておらず、本来であれば、当事者の間に権利義務関係は発生しない。しかし、契約締結前の目的物の送付は取引の迅速化や円滑化にもつながることから、商法は、送付を受けた商人に対する申込者の信頼を保護する規定を置く。

契約の申込みとともに物品の送付を受けた商人は、申込みを拒絶したときであっても、申込者の費用をもってその物品を保管しなければならない（商510

> **コラム3-2** 2017（平成29）年民法改正に伴う変更
>
> 　これまで商法は、商行為に関する法定利率や消滅時効について、民法の特則を設けてきた。すなわち、年利を5％とする民事法定利率（改前民404条）に対して、商行為に基づく債務の法定利率は年利6％である（商514条。商事法定利率）。また、債権の消滅時効は原則10年であるが（改前民167条）、商行為によって生じた債権の消滅時効は原則5年である（商522条。商事消滅時効）。
>
> 　しかし、2017年民法改正に伴い、これらの規定は削除されることとなった。改正法は、2020（平成32）年4月1日に施行される。
>
> 　法定利率については商法514条が削除され、民法に一本化される。そして、現在の法定利率と実勢利率の乖離を踏まえ、法定利率を年利3％に引き下げた上で、3年ごとに利率を見直す変動制を導入する（改民404条）。
>
> 　また、債権の消滅時効についても、短期消滅時効（改前民169条ないし174条）と商事消滅時効は廃止される。そして、債権は、債権者が権利を行使できることを知った時から5年間行使しないときか、権利を行使できる時から10年間行使しないときには、時効消滅する（改民166条）。

条）。保管は申込みを受けた商人自身が行う必要はなく、倉庫営業者などに任せてもよい。この場合の費用も、申込者の負担となる。

　保管義務を負うのは商人であるが、申込者は商人でなくともよい。また、商法509条との対比から、申込者は、申込みを受けた商人と平常取引を行う者には限られないと解されるが、この点は、これまで取引関係のない者からいきなり目的物の送付を受けた場合にまで、一律に保管義務を負うのは酷であるとの批判も強い。

　なお、送付された物品の価額が保管の費用に満たない場合や、保管によって商人が損害を受ける場合は、商人は保管義務を負わない（商510条但書）。

2　商人間の売買に関する特則

1　商人間の売買とは

　売買は、商人が関わる取引の中でも主要な取引である。そこで商法は、民法の特則として、商人間の売買取引の特性に応じた規定を置く（商524条ないし528

条)。その趣旨は、取引の迅速性と円滑化をはかり、もっぱら売主を保護することにある。ただし、当事者による私的自治や契約自由の原則を尊重するため、あまり詳細な定めはない。

以下で取り上げる規定はいずれも、当事者の双方が商人である売買取引に限って、適用される。

2 商人間の売買に関する特則

(1) **売主による目的物の供託と自助売却権**　商人間の売買において、買主がその目的物の受領を拒んだり受領できない場合には、売主がその物を供託するか、相当の期間を定めて催告をした後に競売することができる(商524条1項、**売主の自助売却権**)。ただし、腐りやすい食品など、損傷その他の事由による価格の低落のおそれがある物は、催告をせずに競売に付すことができる(同2項)。なお、売主が目的物を供託したり競売に付したときは、遅滞なく、買主にその旨を通知しなければならない。

民法で売主による自助売却が認められるのは、目的物が供託に適しない場合や、滅失等のおそれがある場合などに限られる(民497条)。これに対して商法は、売主に目的物を供託するか売却するかの選択を広く認めることで、売主を早期に不安定な立場から解放するとともに、目的物の迅速な換価を期待できるようにしている。

(2) **定期売買の履行遅滞による解除**　定期売買とは、売買の性質又は当事者の意思表示から、特定の日時または一定の期間内に履行をしなければ、契約の目的を達成できないような売買取引を指す。例えば、クリスマスや正月用の商品等の売買である。このような取引では、約束の期日までに商品が届かなければ意味がない。

定期売買について売主の履行遅滞があった場合、買主は、履行の催告(民541条)をすることなく、直ちに契約を解除できる(民542条1項4号)。しかし、判断を買主に委ねると、買主が当該商品の転売等の可能性を検討した上で、契約を解除するか売主に商品の引渡しを求めるかを選択でき、売主の立場が不安定となる。そこで、商人間の定期売買では、法律関係を早期に確定させるため、買主が直ちにその履行の請求をしない場合には契約が解除されたもの

> **コラム3-3　供託と自助売却**
>
> 　供託とは、金銭や有価証券等を供託所（法務局、地方法務局やその支局、法務大臣が指定する出張所など）に預け、供託所を通じて、これらの物を権利者に取得させることで、債務の弁済等の目的を達成するための制度である。商法524条のケースでは、売主である商人が売買の目的物を供託することによって、買主に目的物を引渡したのと同様の効果が生じる（弁済供託）。
>
> 　これに対して、売主による自助売却とは、主に保管や供託に適さない目的物について、競売にかけて金銭に換えることを指す。この場合、売主は競売によって得た金銭を目的物の代わりに供託しなければならないが、その全部又は一部を売買代金に充てることは認められる（商524条3項）。なお、競売によって得られた対価が売買代金に満たない場合には、競売後に買主に不足分を請求することができる。

とみなす（商525条）。

(3) **買主による目的物の検査・通知義務**　民法上は、売主から引き渡された目的物の種類、品質又は数量が契約の内容に適合しない場合、買主は売主に対して、履行の追完（民562条）や代金の減額（民563条）、損害賠償及び契約の解除（民564条）を求めることができる。これらの権利は、買主が目的物の契約不適合を知ってから1年以内に、売主に対してその旨を通知しなければ行使できない（民566条）。

しかし、買主にどの権利をいつ行使するかの判断を委ねると、売主が目的物の引渡後も長期間不安定な立場に置かれるおそれがある。また買主が商人であれば、通常人よりも注意深く目的物を検査することができるため、1年という期間を確保する必要性も乏しい。

そこで、商人間の売買では、目的物を受領した買主は、遅滞なくその物を検査する義務を負う（商526条1項、**検査義務**）。もし、買主が目的物の瑕疵や数量不足を発見したときには、直ちに売主に通知しなければ、その瑕疵等を理由とする契約解除や代金の減額、損害賠償を請求することはできない（同2項前段、**通知義務**）。すぐには発見できないような隠れた瑕疵が、受領後6ヵ月以内に見つかった場合も同様である（同項後段）。

ただし、売主が目的物の瑕疵や数量不足を知っていた場合には、売主を保護

する必要はないため、これらの規定は適用されない（同3項）。

(4) 契約が解除された場合の買主の保管・供託義務　売買契約が解除された場合、買主は売主に対して目的物を返還する義務を負う（民545条、原状回復義務）。しかし、目的物の返還に時間がかかったり、目的物が腐りやすいものである場合には、返還されるまでに、売主がその物を転売する機会を失うおそれがある。そこで、商人間の売買において目的物の瑕疵や数量不足を理由とする契約解除があった場合には、売主の指示があるまで、買主が目的物の保管や供託を行わなければならない（商527条1項）。これは、買主に引渡した物品が注文した物品と異なる場合や、注文した数量を超過した場合も同様である（商528条）。

保管するか供託するかは買主が自由に選択でき、いずれの場合にも売主が費用を負担する。この保管義務は、目的物の価額が保管費用を下回る場合にも生じる（商法510条但書との対比）。

ただし、目的物に滅失や損傷のおそれがあるときは、裁判所の許可を得て、その物を競売に付し、その代価を保管又は供託しなければならない（商527条1項但書）。この場合には、競売に付した旨を遅滞なく売主に通知する必要がある（同3項）。

なお、以上の規定は、すぐに目的物を返還できない場合を想定したものであり、売主と買主の営業所や住所が、同一の市町村の区域内にある場合には適用されない（同4項）。また、商法526条を前提とするため、目的物の瑕疵や数量不足を売主が知っていた場合には、買主に保管や供託の義務は発生しない（商526条3項）。

3　仲立営業・問屋営業

1　企業取引の補助者

企業取引は、その成立から完了までの間に、様々な専門的活動を行う商人の補助を受けることがある。そこで商法は、他者から依頼を受けて、企業取引の成立に尽力する補助者について、その者が行う行為の性質（代理・媒介・取次ぎ）に応じた規定を置く。

代理商は、特定の商人のために、取引の媒介や代理を行う商人である。これに対して、以下で扱う仲立営業と問屋営業は、特定の商人のためではなく、単発的に個々の企業取引の成立のために活動する者である。なお、実際には、仲立営業や問屋営業の多くが特定の企業との間で継続的な契約関係にあるが、この実態は法律上の定義とは特に関係がない。

2　仲立営業

(1) **仲立ちとは**　　仲立ちとは、他人の間の法律行為の成立を媒介（仲介・あっせん・勧誘）することである。

　仲立ちは営業的商行為であり（商502条11号）、これを業として行う者は商人である。このような商人のうち、特に他人間の商行為を媒介することを業とする者を**仲立人**（**商事仲立人**）と呼ぶ（商543条）。以下で説明する仲立人には、商行為に係る不動産仲介業者（宅地建物取引業者）、旅客運送や宿泊に関する契約を媒介する旅行業者、証券会社、保険仲立人など、幅広い者が含まれる。仲立人は取引の直接の当事者になるわけではないが、取引の成立に重要な役割を果たすことから、商法は543条以下でその法的位置付けを定めている。

　ちなみに、当事者のいずれにとっても商行為ではない行為の媒介を業として行う者は、**民事仲立人**という。例えば、商人ではない個人間の不動産取引の媒介を行う宅地建物取引業者や結婚仲介業者などである。商事仲立人に関する重要な規定は民事仲立人にも類推適用されるが、当然にすべての規定が適用されるわけではない。

　また、仲立人の多くは、商法のほかに各種業法による規制を受ける。例えば、旅行業者には旅行業法、証券会社には金融商品取引法、保険仲立人には保険業法が適用される。また、民事仲立人にも該当しうる宅地建物取引業者については、宅地建物取引業法による規制が存在する。以下では、商事仲立人に関する商法の規定を紹介するが、実際に仲立人に適用される法規制は事案によって異なる。

(2) **仲立人の義務**　　仲立人が委託者と締結する仲立委託契約は準委任契約にあたり、仲立人は委託者に対して善管注意義務（民644条）を負う。さらに商法は、仲立人の具体的な義務について定める。

まず、仲立人は、取引成立後の紛争を防止するために、次のような義務を負う。

　仲立人は、媒介する行為について見本を受け取ったときは、その行為が完了するまで見本を保管しなければならない（商545条、**見本保管義務**）。これは売買の目的物が見本と同一の性質であることを立証できるようにするためである。したがって、ここでいう行為の完了とは、売買の目的物をめぐる紛争が生じないことが確実になった時点を指すと解されている。保管は仲立人自身が行う必要はないが、保管に要する費用は義務者である仲立人が負う。

　そして、契約が成立した場合には、仲立人は、契約成立の事実と契約の内容を明らかにする証拠書類である**結約書**を作成し、当事者に交付しなければならない（商546条1項）。結約書には、各当事者の氏名や商号、契約の成立年月日や要領が記載される。そのほか、仲立人は仲立人日記帳と呼ばれる帳簿を作成しなければならない（商547条1項）。

　また、企業取引においては、当事者の個性が重視されないことも多く、また、当事者の氏名等を黙秘することで契約交渉を有利に進められる場合がある。そこで、当事者が自身の氏名又は商号を相手方に示さないよう命じた時には、仲立人はその指示に従う義務を負う（商548条）。この場合には、仲立人が相手方に対し、当該取引によって生じた債務を履行する責任を負う（商549条、**介入義務**）。

　(3)　**仲立人の権利**　　仲立人は商人であり、委託者との間で特に定めがなくとも、仲立料として相当の報酬を受けることができる（商512条）。仲立人の報酬は成功報酬とされ、結約書の作成交付後でなければ請求できない（商550条1項）。もっとも判例には、不動産仲介業者が仲介活動を行っている途中で、委託者が仲立契約を解除した事案において、仲立契約の解除の時期と最終的な契約成立の時期が近く、契約条件も業者との相談の中で形成されていたものと近いことなどを理由に、平成29年改正前民法130条（改前民130条1項）を適用して、仲立人の報酬請求を認めたものがある（最判昭45・10・22民集24・11・1599）。

　仲立人は、委託者だけではなく、直接の契約関係がない取引の相手方に対しても、報酬の半額を請求できる（商550条2項、報酬の平分負担義務）。仲立人は当事者双方の利益を公平に図らなければならないため、その見返りとして、取

引の相手方にも報酬の支払義務が生じるのである。もっとも、平分負担義務は当事者間の特約によって変更することができ、実際には、当事者の一方（多くは委託者）にのみ報酬の請求を認めることが多い。

3　問屋営業

(1) **問屋営業とは**　問屋（といや）とは、委託者の計算に基づいて、自己の名のもとで物品の販売や買入れを行うことを業とする者をいう（商551条）。なお、運送や宿泊の取次ぎのように、物品の販売や買入れ以外の取次ぎを業として行う者は準問屋といい、問屋に関する規定が準用される（商558条）。ちなみに、一般に卸売業を営む者を指す問屋（とんや）は、自己のために委託された物品の売買を行う自己商であり、以下で説明する商法上の問屋（といや）とは異なる。もっとも、商法上の問屋が自己商を兼ねることは可能であり（大判明35・12・11民録8・11・41）、実際にもそのような例が多い。

問屋営業は、自己の名をもって他人のために法律行為を行う取次ぎの一種であり、営業的商行為である（商502条11号）。よって、これを業として行う問屋は商人である（商4条1項）。一方、委託者は商人でなくともよい。

例えば、Aが、製造した製品を小売業者に販売するようBに委託する場合（**委託販売**）において、Bが業として、Aの計算に基づき、自らを当事者として小売業者Cと売買契約を締結すれば、Bは問屋にあたる。この場合、売買契約はB-C間で成立し、B自身が契約に基づく権利を取得し、義務を負う（商552条1項）。これに対して、AはCと直接の契約関係にはないが、委託された売買取引はAの計算によって行われることから、契約によって生じる経済的効果は、債権譲渡などの手続を経なくとも当然にAに帰属する（大判大12・12・1刑集2・895）。一方、Bは売買契約の当事者であるが、契約によって生じる経済的な効果は受けず、Aから取次ぎによる手数料を得ることを目的として行動する。なお、Aが材料の買入れをBに委託する場合は**買入委託**といい、この場合のBも問屋にあたる。

問屋は、特定の委託者のために活動するわけではなく、委託者の計算に基づいて取次ぎを行うという点で、代理商とは異なる。また、仲立人と違って、問屋は自らが契約の当事者となる。そのため、取引の相手方は、無権代理や権限

濫用のおそれに対処する必要がなく、委託者も、問屋の知識や経験、信用力を用いて取引を行うことができる。特に遠隔地との取引においては、委託者の従業員や支店よりも、現地の問屋を用いた方が円滑に取引を進められる場合がある。

(2) **問屋の義務と責任**　問屋と委託者が締結する取次契約は委任契約の一種である。したがって、問屋には民法の委任及び代理に関する規定が準用され（商552条2項）、問屋は委託者に対して善管注意義務を負う。さらに商法は、問屋の具体的な義務や責任について定める。

問屋は、委託された物品の販売や買入れを実行したときには、委託者に対して、売買の相手方や時期、その他の実行行為の具体的内容を、遅滞なく通知しなければならない（商557条・27条）。

また、問屋は、取引について委託者が行った指図に従わなければならない。例えば、委託者Aが自己の製品の販売を問屋Bに委託した場合に、Aが最低の販売価格（指値。例えば単価1000円）を指定した場合、BがCに対して当該製品を指値以下（例えば単価800円）で販売したとしても、その取引の効果をAに帰属させることはできない（**指値遵守義務**）。ただし、Bが指値との差額（1個あたり200円）を自ら負担した場合には、取引の効果をAに帰属させることができる（商554条）。

取次ぎによって成立した取引の相手方が債務を履行しない場合には、問屋が自ら債務を履行しなければならない（商553条、**履行担保責任**）。委託者は問屋が探してきた取引の相手方と直接の契約関係にないことから、委託者を保護するために、問屋に特別な担保責任を負わせるものである。この責任は無過失責任とされるが、別段の意思表示や慣習がある場合には、問屋は履行担保責任を負わない（同但書）。

なお、顧客から受けた有価証券等の売買の注文を市場に取次ぐブローカー業務を営む証券会社は、現在における問屋の典型例とされる。投資家が証券会社に対して、ある上場会社の株式の購入を委託する場合、証券会社は商法のほか、金融商品取引業者としての様々な行為規制（断定的判断の提供の禁止、金商38条2項など）を受ける。

(3) **問屋の権利**　問屋は商人であることから、委託者との間に特別な定め

がなくとも、相当の報酬を請求することができる（商512条）。また、問屋は、取次ぎのために必要な費用の前払いを請求できる（民649条）。これらの債権を担保するために、問屋には、代理商と同様の留置権も認められる（商557条・31条）。なお、買入委託の場合において、委託者が物品の受領を拒んだり物品を受領できない場合には、商事売買における売主と同様に、問屋に供託権や自助売却権が認められる（商556条・524条）。

　さらに問屋は、委託を受けた商品の販売や買入れについて、自ら取引の相手方となることができる（商555条1項前段、**介入権**）。介入権を行使した場合にも、問屋は委託者に対して取次ぎの報酬を請求できる（同2項）。ただし、介入権が行使されると問屋が取引の両側に立つこととなるため、無制限に認めると、問屋が、委託者の利益を犠牲にして、自らに有利な条件で売買契約を成立させるおそれがある。このような利益相反のおそれから、問屋が介入権を行使できるのは、取引所の相場のある物品の販売や買入れを委託された場合に限られる（同1項後段）。取引所の相場が売買価格となる場合には、委託者の利益が害されるおそれはないためである。ただし、価格以外の部分について、問屋が委託者の利益に反する契約を成立させた場合には、問屋の善管注意義務違反が問われうる。

　なお、有価証券の売買等に関する注文を受けた金融商品取引業者は、事前に顧客に対して介入権を行使するかどうかを明示しなければならない（金商37条の2）。

4　物や人の移動・管理に関する取引

1　運送営業

(1) 法　源　通信・輸送手段が発展し、遠隔地との取引が日々行われている現代社会においては、取引を進める上で、人や物をどのように移動させるかが極めて重要である。そこで商法は、人や物を場所的に移動させることを業とする者を企業取引における補助商と位置づけ、運送における法律関係を明らかにしている。

　運送営業は、物品を移動させる**物品運送**と人を移動させる**旅客運送**に大別さ

れ、それぞれが、運送の経路によって**陸上運送・海上運送・航空運送**に分かれる（定義については、商569条2号ないし4号）。2018（平成30）年商法改正では、運送人を、陸上運送・海上運送・航空運送の引受けをすることを業とする者と定義した（商569条1号）。したがって、物品運送については、その経路にかかわらず、商法570条以下が適用される。ただし、海上運送については、特則として商法737条以下が適用されるほか、国際海上物品運送法も適用される。また、航空運送については、国際航空運送に関するワルソー条約が適用される。

さらに、ある物を運送する際に、陸上・海上・航空のうち複数の経路を用いて運送を行うことを、1つの契約で引き受けることもある。商法は、このような運送を**複合運送**と定義した上で、運送品の滅失や損傷、延着（以下、「**運送品の滅失等**」という）が複合運送において生じた場合には、それが生じた区間に適用される規律にしたがって、運送人が責任を負う旨を定める（商578条）。なお、実際の複合運送については、JIFFAが制定する国際複合一貫輸送約款などが重要な役割を果たしている。

以下では、主に陸上物品運送に関する商法の規定内容を概観する。もっとも、実際には標準貨物自動車運送約款などの約款の利用が広く普及しており、商法の規定が直接適用される場合は限られる。また、運送営業は公共的性格が強いことから、行政法規も多く存在する。例えば、陸上運送については鉄道事業法や道路運送法などの多くの法令が、輸送の安全の確保や利用者の保護、運送事業の健全な発達をはかっている。

(2) **陸上物品運送とは**

（i）運送の関係者　運送契約は、運送人が、物や人の場所的移動という仕事の完成を有償で引き受ける請負契約である（民632条）。契約当事者は、運送の委託者（物品運送の場合は**荷送人**という）と運送人である。

陸上物品運送における**運送人**とは、陸上における物品の運送の引受けを業とする者をいう（商569条1号・2号）。運送に関する行為は営業的商行為であり（商502条4号）、これを業として行う運送人は商人である（商4条1項）。一方、荷送人は商人とは限らない。

また、物品運送において引渡地で物品を受け取る者は、**荷受人**という。荷受人は運送契約の当事者ではないが、商法は荷受人の権利義務についても規定す

コラム3-4 2018（平成30）年商法改正による運送経路の整理

　2018年商法改正によって、航空運送は、航空機による物品又は旅客の運送と定義された（改商569条4号）。ここでいう「航空機」とは、人が乗って航空の用に供することができる飛行機や飛行船などを指す（航空2条1項）。ゆえに、いわゆるドローンなどの小型の無人機を用いて物品を運送する場合は、商法上は航空物品運送ではなく、陸上物品運送に分類される。

　また、湖川や港湾などの平水区域内における運送は、これまで陸上運送とされていたが（改前商569条）、2018年商法改正によって海上運送に分類された（改商569条3号・684条・747条。ただし、櫓や櫂のみで運転するボートや筏などは、海上運送における「船舶」から除外される）。「海上」と表現されてはいるが、実質的には、水上における船舶を用いた運送全般を含む分類といえる。

る。

　(ⅱ)　複数の運送人による運送　例えば、札幌の荷送人Aが福岡の荷受人Bに対して物を送る場合に、運送業者Cが札幌から東京までの運送を行い、東京から福岡までは別の業者Dが運送するという形で、ある物品の運送を複数の運送業者が行うことがある。このような運送の過程において、運送品の滅失等が生じた場合、誰が損害賠償責任を負うかは、どのような形で運送契約が締結されたかで異なる。

　上記の例では、まず、札幌－東京間はC、東京－福岡間はDという形で、Aが別々に運送依頼を行うことが考えられる（部分運送）。この場合には、A-C間・A-D間で独立した運送契約が締結され、運送品の滅失等については、C・Dがそれぞれの担当区間について責任を負う。例えば、札幌－東京間の輸送中に事故が起きて運送品が壊れた場合には、Cが損害賠償責任を負う。

　また、Aが、札幌－福岡の全行程の運送をCとDが共同して行うよう依頼し、どの行程をどちらが担当するかはC-D間の協議で決定することもある（同一運送）。この場合、CとDは全区間についてAと1つの運送契約を締結し、運送品の滅失等については連帯して責任を負う（商511条1項）。例えば、札幌－東京間においてCの過失で事故が発生した場合、AはDにも賠償を求めることができる。

このほか、AがCに対して札幌－福岡間の運送を依頼した後、Cが、東京－福岡間の運送についてDと運送契約を締結して行わせることもある（**下請運送**）。この場合、Aと契約関係にあるのはCのみであり、下請運送人DはCの履行補助者にすぎない。ゆえに、東京－福岡間の輸送中にDの過失によって運送品の滅失等が生じた場合、CがAに対する損害賠償責任を負う。なお、Aに賠償を行ったCは、Dに対して損害賠償を求めることができる（この場合の出訴期間については、商585条3項）。

この下請運送とよく似たものとして、**相次運送**がある。AとCが全区間について運送契約を交わし、その一部についてDが運送を行うという点は下請運送と同じであるが、下請運送では、DはCのために運送を行うのに対し、相次運送では、DはA-C間の運送契約を引き継いでAのために運送を行う点が異なる。よって、相次運送における運送品の滅失等については、CとDが連帯して、Aに対する損害賠償責任を負う（商579条3項）。

(3) **荷送人と運送人との関係**　運送人は、運送契約の目的にしたがって、依頼された物品を滅失・損傷させることなく、指定された期日に、引渡地の荷受人に届ける義務を負う。その履行のために、運送人は、荷送人に対して運送品の引渡しを求める権利を有する。

また、運送人は、運送品の同一性を確認したり、運送品に関する権利義務関係を明らかにするため、荷送人に対して送り状の交付を請求できる（商571条1項）。送り状には、運送品の種類や個数、荷受人などが記載される（同1号ないし5号）。送り状が交付された場合には、運送人は、その記載をもとに運送の準備をすればよい。荷送人が送り状に事実と異なる記載をしたことで運送人に損害が生じた場合には、荷送人が賠償責任を負う。

なお、引火や爆発などの危険性がある物の運送を依頼する荷送人は、その引渡しの前に、運送人に対して当該運送品の品名や性質などの安全運送に必要な情報を通知する義務を負う（商572条）。この通知を怠ったことで運送人が十分な注意を払うことができず、運送中に事故が起こった場合などには、荷送人が運送人に対する損害賠償責任を負う。

運送人は商人であるため、当然に運送賃を請求できるが（商512条）、運送契約は請負契約であることから、運送賃は運送品の引渡しと同時に支払われる

（商573条1項、民633条）。また、運送人自身の過失や、当事者のいずれの責めにも帰すことのできない事由によって、運送品が滅失・損傷した場合には、運送人は運送賃を請求できない（商573条2項）。ただし、運送品の滅失や損傷の原因が、運送品自体の性質や瑕疵、荷送人の過失による場合には、運送人は運送賃の全額を請求できる（同3項）。

なお、荷送人が、運送の中止や運送品の返還その他の処分を求めた場合には、運送人はこの求めに応じなければならない（商580条前段）。売買の目的物の運送中に買主である荷受人の信用状態が悪化した場合に、代金の支払いについて不安を感じた荷送人が、運送を取りやめたいと考える可能性を考慮したものである。この場合、運送人はすでに実行した運送の割合に応じて、運送賃や立替金、荷送人が求めた処分によって生じた費用の弁済を請求することができる（同条後段）。

(4) 運送品の滅失等に関する運送人の責任

(i) 一般原則　運送人は、運送契約の目的にしたがって、依頼された物品を滅失・損傷させることなく、指定された期日に、引渡地の荷受人に届ける義務を負う。運送人の過失によって、いずれかの条件を満たすことができない場合、運送人は民法上の債務不履行責任（民415条）を問われうるが、商法は特に、運送人の損害賠償責任に関する定めを置く。

運送人は、運送品の受取り、運送、保管及び引渡しについて注意を怠らなかったことを証明しない限り、運送品の滅失等に関する損害を賠償する責任を負う（商575条）。民法415条の解釈から、使用人などの履行補助者による故意又は過失によって、運送品の滅失等が生じた場合にも、運送人が責任を負う。この責任を追及できる者は、荷送人か、運送品が目的地に到達した後の荷受人（商581条1項）である。

運送人の損害賠償額は、定型化が図られている。すなわち、運送品が滅失・損傷した場合には、本来の引渡予定日における引渡地での市場価格（市場価格がない場合は、同種類で同一の品質の物品の正常な価格）によって、損害額が算定される（商576条1項）。この額と、実際に引渡しが行われた日における損傷状態の運送品の価額との差額が、運送人が賠償すべき額となる。

運送人は大量の物品運送を頻繁に行うことから、個別の運送品について損害

額を争う煩わしさから運送人を保護するとともに、常に法定の額を賠償させることで、法律関係を画一的に処理し紛争を防止しようとするものである。ただし、運送人の悪意や重過失によって運送品の滅失等が生じた場合には、運送人はすべての損害を賠償しなければならない（商576条3項）。また、運送品の損傷等を伴わず単に延着した場合については、商法には規定がないため、民法の原則に従う（民416条）。

なお、運送品の滅失等について、運送人の不法行為責任（民709条）が追及された場合にも、賠償額の定型化や高価品に関する特則（商577条）、運送人の責任の消滅に関する規定（商584・585条）が準用される（商587条）。

(ⅱ) 高価品に関する特則　運送品が貨幣や有価証券、その他の高価品である場合には、荷送人が運送の委託にあたって、その種類や価額を通知していなければ、運送人は運送品の滅失等について損害賠償責任を負わない（商577条1項）。判例によれば、高価品とは、容積または重量の割に、運送人が通常予測するよりも著しく高価な物品をいう（最判昭45・4・21判時593・87）。

運送品が高価品であることを知らされていれば、運送人は、相応の注意をもって運送を行うことができ、運送賃の割増しや保険の活用によって事故に備えることもできる。そのような機会を与えずに、運送人に高額の賠償責任を課すのは不公平であるため、商法は高価品の通知を受けていない運送人を保護している。

ただし、運送契約の締結時に荷送人の通知がなくとも、高価品であることを運送人が知っていた場合には、この特則は適用されない（同2項1号）。また、運送人の故意又は重過失によって運送品の滅失等が生じた場合も同様である（同2号）。

(ⅲ) 運送人の責任の消滅事由　荷受人が異議を留めずに運送品を受取ったときには、運送品の損傷や一部滅失に関する運送人の責任は消滅する（商584条1項本文）。受取りの際に、荷受人が運送品の状態を確認するよう求めるものである。

ただし、運送品にすぐに発見できない損傷や一部滅失があった場合には、引渡しの日から2週間以内に運送人に通知すれば、運送人の責任は消滅しない（同但書）。また、引渡しの時点において、運送人が運送品の損傷や一部滅失が

あることを知っていた場合にも、運送人の責任は消滅しない（同2項）。

また、運送品の滅失等に関する運送人の責任は、運送品の引渡日（全部滅失の場合は、引渡しがされるべきであった日）から1年以内に裁判上の請求がされないときは消滅する（商585条1項、短期出訴期間）。もっとも、運送品の滅失等について、原因の調査や証拠の収集、当事者間の話合いを行うには、1年では足りないおそれがある。そこで、運送品の滅失等が生じた後に当事者が合意すれば、この出訴期間を延長できる（同2項）。

(5) **荷受人の地位**　荷受人は、目的地において運送品を受け取るべき者として荷送人によって指定された者であり、運送契約の当事者ではない。しかし、荷受人が荷送人と異なる場合には、運送品に対する両者の関係が問題となりうる。そこで、商法は荷受人の地位に関する規定を置く。

荷受人の地位は、運送の進行状況によって変化する。運送品がまだ目的地に到達していない時点では、荷送人のみが運送契約上の権利義務を有し、運送品に対する処分権を持つ（商580条）。

これに対して、運送品が目的地に到着した後や運送品が全部滅失したときは、荷受人は荷送人と同一の権利を取得する（商581条1項）。この時点ではまだ荷送人の権利は消滅せず、荷送人と荷受人の双方が運送品に対する権利を有する（従来の通説によれば、荷送人の権利が優先する）。しかし、荷受人が運送品の引渡しや損害賠償を請求したときは、荷送人の権利は消滅する（同2項）。

なお、運送品を受け取った荷受人は、荷送人とともに、運送人に対して運送賃その他の費用を支払う義務を負う（同3項、不真正連帯債務）。

(6) **旅客運送**　旅客運送契約とは、人の移動を目的とする運送契約であり、物品運送と同じく請負契約である。旅客運送契約の当事者は、運送の委託者と運送人である。委託者は、典型的には運送の対象となる旅客であるが、委託者と旅客が異なる場合もある。

旅客運送については、商法589条ないし594条のほか、民法の一般原則や運送人が作成する運送約款による規律が重要な役割を果たす。また、鉄道法や航空法などの厳しい行政的規制が、事業の安定性と安全性の確保をはかっている。

(i) **旅客の損害に対する責任**　運送人は運送契約に基づき、旅客を安全かつ遅滞なく目的地に運送する義務を負う。運送によって旅客が損害を受けた場

合には、運送人が運送に関して注意を怠らなかったことを証明しない限り、賠償責任を負う（商590条）。ここでいう損害とは、旅客の生命や身体、衣服に生じた損害のほか、延着による損害などあらゆる損害を含む。

　旅客の生命又は身体の侵害に関する運送人の損害賠償責任を免除又は軽減する特約は無効となる（商591条1項）。例えば、賠償を求める旅客の立証責任を加重したり、運送人の賠償額に上限を設けるような特約である。このような特約を禁止することで、運送人が旅客の安全を尊重するよう促している。

　ただし、運送の遅延を主な原因として旅客に生じた体調悪化などの損害については、特約による責任の免除や軽減が認められる（591条1項括弧書）。くわえて、大規模な火災や震災などの災害が発生し又は発生するおそれがある場合や、運送に伴って通常生じる振動等によって生命又は身体に重大な危険が及ぶおそれがある者を運送する場合は、免責等の特約が認められる（同2項）。緊急時の運送についてまで免責特約を禁止すると、運送を引き受ける者がいなくなるおそれがあるためである。

　(ii)　旅客の手荷物に対する責任　　旅客運送の対象は人であるが、旅客が手荷物を持って列車や旅客機に乗り込むことも多い。

　旅客が運送人に預けた手荷物については、運送人の管理の下で運送がなされるという点で物品運送と類似する。そこで、旅客運送の運送人は、特に手荷物について運送賃を請求していなくとも、旅客から預った手荷物に生じた減失等について、物品運送の運送人と同一の責任を負う（商592条1項・2項）。また、目的地に到達してから1週間以内に、旅客が手荷物を受取りに来ない場合は、運送人は預った手荷物を供託又は競売することができる（同3項ないし6項）。

　これに対して、運送人に預けず、旅客自身が管理する手荷物に減失等が生じた場合には、運送人に故意や過失がない限り、運送人が責任を負う必要はない（商593条1項）。

2　運送取扱人

(1)　**運送取扱人とは**　　例えば、遠く離れた地に住む友人に贈り物をする者が自ら運送契約を締結しようとする場合、荷送人自身が、運送手段や経路、運送業者や契約条件に関する判断をしなければならない。さらに、場合によって

は、運送に関する証券や通関手続に必要な書類を、自ら作成する必要もある。しかし、十分な知識や経験がない者が、これらの事項について適切な判断や作業を行うのは容易ではない。そこで、本来の荷送人に代わってこれらの作業を行うのが、**運送取扱人**である。

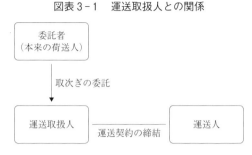

図表3-1　運送取扱人との関係

　運送取扱人とは、自己の名をもって、物品運送の取次ぎを行うことを業とする者である（商559条1項）。なお、旅客運送において委託者の代わりに経路の決定や書類作成を行う者は準問屋（商558条）であり、ここでいう運送取扱人には含まれない。

　運送取扱人は、取次ぎを行うという点において問屋と同様であるため、問屋に関する規定が準用される（商559条2項）。また、委託者と運送取扱人との間で締結される運送取扱契約は委任契約の一種であり、民法の委任に関する規定（民643条以下）が準用される。そのほか、危険物に関する通知（商572条）など、商法564条が列挙する規定も準用される。

　(2)　**運送取扱人の権利**　運送取扱人は商人であり、特に契約上の定めがなくとも、報酬を請求できる（商512条）。報酬請求権は、運送契約を成立させて運送品を運送人に引渡した時に発生する（商561条1項）。ただし、運送取扱契約において運送賃の額が定められている場合には、確定運送賃から実際に要した運送賃を差し引いた額が運送取扱人の報酬になると考えられるため、別途報酬を請求することはできない（同2項）。

　その他、運送取扱人には問屋と同様に、留置権（商562条）や介入権（商563条1項）が認められる。

　(3)　**運送取扱人の責任**　運送取扱人は、運送品の滅失等が生じた場合には、運送の取次ぎについて過失がないことを証明しない限り、委託者や運送品が目的地に到着した後の荷受人（商581条1項）に対して損害賠償責任を負う（商560条）。

例えば、運送取扱人が選択した運送人や運送経路等に問題があったために、運送品の滅失等が生じた場合には、運送取扱人の責任が問われる。一方、運送取扱人の取次ぎには問題がなく、純粋に運送人の過失によって運送品の滅失等が生じた場合には、特約がない限り、運送取扱人は責任を負わない。

3 倉庫営業

(1) **倉庫営業とは**　大量の商品を多数の者との間で取引する場合には、目的物を保管し管理する必要が生じる。しかし、取引を行う者が自ら大量の物品の保管等を行おうとすると、倉庫を用意するなどのコストがかかる上、専門的知識がない場合には適切な保管等ができないおそれがある。そこで企業取引においては、物品の保管等を行う専門家が必要となる。

倉庫営業者は、他人のために物品を倉庫に保管することを業として行う者である（商599条）。倉庫営業は営業的商行為であり（商502条10号）、倉庫営業者は商人である。倉庫営業者は、商品の円滑な流通を実現するために不可欠の存在であり、国民経済を支える公共性の高い存在であることから、倉庫業法による規制を受ける。例えば、倉庫営業は国土交通大臣による登録を受けなければ営むことができず（倉庫業3条）、国土交通大臣による特別の許可がなければ、倉荷証券を発行することができない（倉庫業13条1項）。

物品の寄託者と倉庫営業者の間で締結される倉庫寄託契約は、不要式の契約である。また、倉庫寄託契約は、民法上の寄託契約の一種であることから、当事者の合意のみで成立する諾成契約と解される（民657条）。

(2) **倉庫営業者の義務と責任**

（i）**寄託物の保管義務**　商人は一般に、営業の範囲内において寄託を受けた場合には、報酬の有無にかかわらず、善良なる管理者の注意をもって寄託物を保管する義務を負う（商595条）。このことから、寄託契約において特に保管の方法に関する定めがない場合には、倉庫営業者自身が、寄託物の性質に合った方法を選択してその滅失や損傷を防止しなければならない。ただし、倉庫営業者は、寄託者の承認を得たときか、やむを得ない事由がある場合でなければ、寄託物の保管を第三者に行わせることはできない（民658条2項）。寄託者は通常、特定の倉庫営業者が有する設備や信用等を期待して、契約を締結する

ためである。

　また、民法では、契約で保管期間が定められていない場合、受寄者はいつでも寄託物を返還できる（民663条1項）。しかし、倉庫営業者は、ある程度長期間の保管を期待されているのが通常であるため、寄託物の入庫から6ヵ月以内は、倉庫営業者からは寄託物を返還することができない（商612条本文）。ただし、寄託物が腐敗するおそれや倉庫の損傷を修復する必要があるといった、やむを得ない事由があるときには、いつでも返還することができる（同但書）。なお、寄託者は、いつでも寄託物の返還を求めることができる（民662条1項）。

　(ii) **倉荷証券の交付義務**　倉庫営業者は、寄託者の請求に応じて、**倉荷証券**を交付する義務を負う（商600条）。倉荷証券とは、寄託物の返還請求権を表彰する有価証券である。倉荷証券が発行された場合には、寄託物を倉庫に保管したまま、倉荷証券によって譲渡や質権設定などを行うことができる。

　(iii) **倉庫営業者の損害賠償責任**　寄託物に滅失や損傷が生じた場合、倉庫営業者は、寄託物の保管にあたって注意を怠らなかったことを証明しない限り、損害を賠償する責任を負う（商610条）。なお、賠償額については、運送人のように定型化をはかる規定（商576条）はない。

　損害賠償を請求できるのは、寄託者又は倉荷証券の所持人である。寄託者と寄託物の所有者が異なれば、寄託物の滅失等につき、寄託者が所有者に対して損害賠償責任を負うことになる。この場合、判例は原則として、所有者に対する賠償を行う前であっても、寄託者が倉庫営業者に賠償を求めることを認める（最判昭42・11・17判時509・63）。

　なお、寄託物の損傷等に関する倉庫営業者の責任は、倉庫営業者が悪意である場合を除き、寄託者又は倉荷証券の所持人が異議を留めずに寄託物を受取り、保管料等を支払ったときに消滅する（商616条）。また、倉庫営業者の責任は、倉庫営業者が悪意である場合を除き、寄託物の出庫の日から1年で時効消滅する（商617条1項・3項）。

　(3) **倉庫営業者の権利**　倉庫営業者は商人であるため、特約がなくとも保管料を請求できる（商512条）。さらに、倉庫営業者が負担した立替金その他の費用も請求できる。ただし、請求できるのは寄託物の出庫後である（商611条本文）。寄託物の一部を出庫するときには、割合に応じた保管料を請求できる

(同但書)。

　保管料等は、寄託者に対しては当然に請求できる。一方、寄託者から倉荷証券を譲り受けた者に請求できるかについては明文の規定がない。この点、多数説は、証券の所持人についても、債務引受けがあったと解して保管料の支払義務を認める。また判例には、所持人が保管料等を支払う旨が証券の券面上に記載されていた事案において、所持人の債務引受けに関する意思の合致を認めたものがある（最判昭32・2・19民集11・2・295）。

　倉庫営業者には、留置権（民295条、商521条）や先取特権（民321条）が認められる。また、寄託者や倉荷証券の所持人が、寄託物の受取りを拒んだり、受取ることができない場合、倉庫営業者は寄託物を供託又は競売することができる（商615条・524条1項2項）。

4　場屋営業者の寄託に関する責任

(1)　**場屋営業とは**　　場屋営業とは、宿泊施設や飲食店、浴場など、業として客の来集を目的とした場屋における取引を行うことである（商596条1項）。場屋営業は営業的商行為であり（商502条7号）、場屋営業者は商人である。商法は、このような多数の者が出入りする施設に客が持ち込んだ荷物について、場屋営業者が責任を負う場合がある旨を規定する。ここでいう客には、場屋営業者との間で設備の利用に関する契約を締結した者に限らず、ホテルのロビーで空室待ちをしている者やパーティ会場を訪れた招待客なども含まれる。

(2)　**寄託を受けた物品に関する場屋営業者の責任**　　例えば、ホテルのクロークに荷物を預ける場合、その寄託が無償であっても、ホテル側は、善良なる管理者の注意をもって荷物の保管を行わなければならない（商595条）。民法では、無償寄託における受寄者の注意義務は軽減されるが（民659条）、商法は、商人の信頼を高めるために、無償寄託についても商人に善管注意義務を負わせている。

　場屋営業者が客から寄託を受けた物品に滅失や損傷が生じたときは、その滅失等が不可抗力によって生じたことを証明できない限り、場屋営業者は損害賠償責任を負う（商596条1項）。通説によれば、ここでいう不可抗力とは、当該事業の外部から発生した出来事であり、通常必要とされる予防を尽くしても、なお発生を防止することができない場合を指す。この責任は、場屋営業者に過

失がない場合にも生じうるという点で、運送人や倉庫営業者の責任よりも厳しい。場屋営業者にこのような厳格な責任を負わせる理由としては、多数の者が出入りする場屋では客自身が荷物を管理することが困難であることや、厳格な責任を認めることで場屋営業者の信用が高まることなどが挙げられる。

ただし、寄託物が高価品である場合には、寄託の際に、客が場屋営業者にその種類や価額を通知していなければ、場屋営業者は、寄託物の滅失や損傷について責任を負わない（商597条）。高価品であることを知らされていない場屋営業者には、対策を講じる機会が与えられないためである。もっとも場屋営業者が、故意に寄託物に損害を与えた場合や、通知がなくとも寄託物が高価品であることを知っていた場合には、衡平の観点から免責されないと解される。

(3) **寄託を受けていない物品に関する場屋営業者の責任**　客が場屋に持ち込んだが、場屋営業者に寄託せずに携帯していた物品について、場屋営業者やその使用人の不注意によって滅失や損傷が生じた場合には、場屋営業者が責任を負う（商596条2項）。寄託していない物品については、場屋営業者に契約上の責任は発生しないともいえるが、通説は、この責任を場屋の利用契約に付随するものと捉える。なお、通説によれば、場屋営業者等の不注意は客が立証しなければならない。

5　保険契約

1　保険の意義と性質

(1) **保険とは**

(i) **保険の意義と法規制の必要性**　社会における活動には、個人か法人かにかかわらず、常に偶然の事故によって経済的損害を被る危険が伴う。このような損害は必ず発生するものではないが、ひとたび発生すれば被害者に甚大な影響を与えかねない。このような危険に対する備えとして、現在ひろく用いられているのが**保険**である。

一般的に保険とは、偶然の事故（**保険事故**）による経済的不利益に対処するために、予め多数の者が拠出した金銭（**保険料**）によって共通準備財産を構築し、その中の特定の者に保険事故が起こった場合には、共通準備財産から一定

の支払い（**保険金**）を行うものである。

　通常の保険では、保険料よりもはるかに多額の保険金が支払われるため、保険契約者が故意に保険事故を起こし、保険を利用して不正な利益を得ようとするおそれがある（狭義のモラル・ハザード（moral hazard））。くわえて、保険に加入することによって、事故が起こっても保険金でカバーできるという安心感が生まれ、保険契約者が保険事故を予防するための注意を怠るおそれもある（モラール・ハザード（morale hazard．心理的な危険））。このような問題に対処するために、保険法は契約自由の原則に制約を加える。

（ⅱ）**法　源**　保険に関する一般法は、2008（平成20）年に成立した保険法である。また保険業法は、保険代理商や保険外務員、保険仲立人に対する行為規制等を定める。そのほか、各保険について、自動車損害賠償保障法や地震保険に関する法律、原子力損害の賠償に関する法律などの特別法が個別具体的な規定を設けている。

　さらに実務上重要なのが、保険会社が作成する約款である。保険契約は、多数の保険契約者との間で同一内容の契約が締結されるのが通常であることから、契約内容は一般に、保険会社が予め作成した普通保険約款を元に定められる。

　しかし、なぜ保険契約者は、保険会社が一方的に定めた普通保険約款に拘束されなければならないのであろうか。この点につき、現在の有力説は、保険の分野では普通保険約款にしたがって契約を締結するという商慣習が存在すると理解する。もっとも、保険会社が一方的に作成する普通保険約款に保険契約者に対する拘束力を認めるためには、当事者に対する公正性や妥当性が確保される必要がある（最判昭62・2・20民集41・1・159。なお、保険契約者を一方的に害する内容の約款は、消費者契約法10条により無効となる）。

(2)　保険契約とは

（ⅰ）**保険契約の関係者**　保険は、保険者と保険契約者との間で締結される保険契約（保険2条1号）によって成立する。

　保険者とは、保険の各制度を構築し運営する者であり、保険事故が起こった際には、保険契約に基づいて保険金を支払う義務を負う（同2号）。制度の安定の要請から、保険者は、資本の額又は基金の総額が10億円以上の株式会社又は

> **コラム3－5** 2017（平成29）年民法改正による約款に関する規定の新設
>
> 　2017年に成立した民法改正において、定型約款に関する規定が新設された（改民548条の2ないし548条の4）。
>
> 　定型約款とは、定型取引において、契約の内容とすることを目的としてその特定の者により準備された条項の総体である（改民548条の2第1項柱書）。また、定型取引とは、不特定多数の相手方に対して、その個性に着目せずに同一内容の契約を締結することが通常であり、一方当事者が準備した契約条項の総体をそのまま受け入れて契約締結に至ることが取引通念に照らして合理的である取引を意味すると解されている。一般的に、保険約款も民法上の定型約款に含まれると解される。
>
> 　なお、改正民法548条の2第2項は、信義則に反して一方的に相手方を害するような約款の条項については合意がなかったものとして、契約に組み入れない旨を規定する。この点、消費者契約法10条と重複するようにも思われるが、改正民法548条の2第2項は、定型約款の特殊性を踏まえて、取引全体に関わる事情をひろく考慮して信義則違反の有無を検討するものであり、趣旨が異なると説明される。

相互会社であり、内閣総理大臣による免許を受けた者でなければならない（保険業3条・6条）。

　他方、**保険契約者**は、保険契約の当事者として保険料を支払う義務を負う（保険2条3号）。通常、ある保険には保険契約者が複数存在するが、この場合も保険契約者が相互扶助的な団体を形成するわけではなく、あくまで保険者との契約関係が個別に存在するのみである。

　その他、保険契約の締結を補助する者として、保険代理商・保険外務員・保険仲立人がある。

　(ii) 保険契約の特徴　保険契約は有償の双務契約である。保険者は保険事故が起こらなければ保険金を支払う必要はないが、通説は、保険事故が発生すれば保険金を支払うという危険を保険者が負担することが、保険契約者による保険料の支払義務の対価であると考える。また、保険契約は不要式の諾成契約である。もっとも通常は、保険者が作成した約款に基づいて、多数の保険契約者との間で同一内容の契約が締結される（附合契約）。

　保険者の保険金支払義務は、保険事故の発生という偶然性を伴う事象によっ

て生じる（**射倖契約性**）。もっとも、保険事故の発生確率は、過去の統計等によってある程度予測することができ（統計学における大数の法則）、各保険における保険料はこの予測に基づいて算出される。

なお、保険者が具体的に保険料額の決定等を行うためには、保険事故発生の危険率を測定する必要があるが、その判断に必要な情報は通常、保険契約者や被保険者が有している。そこで、保険契約者や被保険者は、保険事故の危険率を測定する上で重要な事項を保険者に告知しなければならない（**告知義務**）。もし、保険契約者や被保険者が、故意又は重大な過失によって事実の告知をしなかったり、不実の告知をした場合には、保険者は契約を解除することができる（保険28条1項・55条・84条）。

また、保険金が保険料に比べて多額になれば、モラル・ハザードのおそれが高まる。そこで保険者は、ある保険について保険契約者から受ける保険料の総額が、支払うべき保険金の総額と等しくなるように、事業を運営しなければならない（**収支相等の原則**）。さらに、個々の保険契約者との関係においても、保険料の額は、保険事故が発生する確率に保険金の額をかけたものとつり合うものでなければならない（**給付反対給付均等の原則**）。

(iii) 保険契約の種類　保険は、保険金の額の定め方によって、**損害保険**と**定額保険**に区別される。損害保険とは、保険者が保険事故によって生じた損害に相当する保険金を支払うものであり、火災保険や自動車保険などが該当する。これに対して、定額保険は、実際に生じた損害の額にかかわらず、保険者があらかじめ定められた一定額を支払うものであり、代表例は生命保険である。

一方、傷害疾病保険には、実損をてん補するもの（**傷害疾病損害保険**）とあらかじめ定められた額を支払うもの（**傷害疾病定額保険**）がある。そこで保険法は、傷害疾病損害保険を損害保険に含め、傷害疾病定額保険は損害保険・生命保険と並ぶ第三の類型としている。

なお、保険の分類方法は上記のほかにも、様々な方法がある。まず、保険の運営主体によって公保険と私保険に分類する方法がある。公保険とは、国その他の公共団体が政策実現手段として運営するものであり、特別法に基づく健康保険や年金保険などが含まれる。一方、私保険とは、私企業である保険会社が

運営する各種保険が該当する。本節で取り扱うのは、私保険である。また、保険の目的によって、保険会社が受け取る保険料と支払う保険金の差額を利得する目的で行う営利保険と、保険契約者が相互に保険を行うために相互保険会社を作る相互保険に分類する方法もある。その他、保険の対象によって、人保険と物保険（あるいは財産保険）に分類する方法もある。もっとも、現在の保険は複雑かつ多様であり、特定の方法によって完全に分類することはできない。

2 損害保険

(1) **概　要**　損害保険契約とは、保険者が一定の偶然の事故によって生ずることのある損害をてん補することを約するものをいう（保険2条6号）。損害保険契約には、火災保険や運送保険、自動車保険など、様々な種類がある。

図表3-2　損害保険の関係者

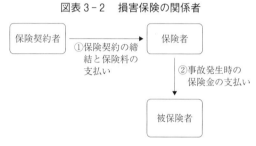

※　保険契約者と被保険者は、同一の場合もある。

　損害保険契約の対象は、金銭に見積もることができる利益に限られる（保険3条）。ここでいう利益とは、保険事故の発生によって失われるおそれのある経済的利益（**被保険利益**）を指し、被保険利益がなければ、損害保険契約の効力は生じないと解されている。保険事故の発生によって被保険利益が損なわれた場合には、その帰属主体である被保険者（保険2条4号イ）が保険金の支払いを求める権利を有する。

　損害保険契約の被保険者と保険契約者は、異なる者でもよい。この場合、契約締結時の書面（保険6条1項）の受領や保険契約の解除（保険27条）などの権限は、契約当事者である保険契約者が有する。一方、契約締結時の告知義務（保険4条）や保険事故発生時の通知義務（保険14条）などは、保険契約者と被保険者の双方が負う。

　保険者は、保険事故の発生によって保険金の支払義務を負う。ただし、保険契約者又は被保険者による故意や重過失によって生じた損害や、戦争その他の変乱によって生じた損害については、保険者はてん補する責任を負わない（保

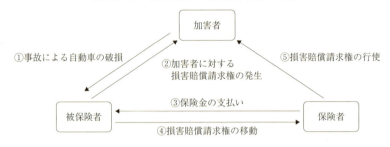

図表 3-3　請求権代位（自動車事故の場合）

険17条1項)。故意の事故招致を免責する理由は、契約関係における信義則違反や公序良俗違反などで説明される。また、戦争等による損害については、通常の保険者はこのような危険を引き受けないことから、免責を認めている。

(2) **利得禁止原則と保険代位**　例えば、住宅の火災によって3000万円の損失を受けたとしても、住宅にかけた火災保険によって5000万円の保険金を受け取ることができるのであれば、被保険者としては、保険金を受け取る方が利益となる。このように、保険金の支払いによって、被保険者が受けた損害を上回る利益を得られる場合、故意に保険事故を起こそうとする者が現れるおそれがある。そこで、保険法は、損害保険契約によって支払われる保険金額は、被保険者が受けた損害の額を上回ってはならないとする（利得禁止原則）。

　保険法は利得禁止原則の徹底を図るため、一定の場合に、保険金を支払った損害保険契約の保険者が、被保険者の権利を取得する旨を定める（**保険代位**）。保険代位には残存物代位（保険24条）と請求権代位（保険25条）がある。

　残存物代位とは、保険の目的物の全部滅失を理由として保険者が保険金を支払ったものの、なお価値のある残存物が残っている場合に、被保険者が有する残存物の所有権等を、保険者が当然に取得することをいう。

　これに対して、請求権代位とは、保険事故の発生によって被保険者が取得する債権を、保険金を支払った保険者が当然に取得することをいう。

　例えば、自動車の運転中に他の車に追突されて自動車が傷ついた場合、被害者である被保険者は、加害者に対する損害賠償請求権に加えて、自動車保険等の保険者に対する保険金支払請求権を取得する。この場合に、保険金を支払った保険者は、被保険者が加害者に対して有する損害賠償請求権を取得する。

請求権代位によって、被保険者が加害者と保険者の双方から支払いを受けることを防ぐとともに、本来責任を負うべき加害者が保険金の支払いによって免責されることも防止できる。

3　生命保険

(1) **概　要**　生命保険契約とは、人の生存又は死亡に関し、保険者が一定の保険給付を行うことを約することをいう（保険2条8号）。

生命保険契約における保険事故は、人の生存又は死亡である。人の生死による経済的需要を具体的に算定することが難しいため、保険金の額は、実際に生じた損害の額にかかわらず、予め保険者と保険契約者の合意によって定められた一定額である。

生命保険契約は定額保険であることから、損害保険契約と違って、利得禁止原則が妥当せず、被保険利益や保険価額といった観念も存在しない。したがって、生命保険契約の成立において被保険利益の存在は要件とされず、また保険代位などの問題も発生しない。

一方、保険事故が人の生死であることから、保険者が保険事故発生の危険性を判断することは困難である。そこで、生命保険契約においては告知義務の重要性が高まる。

(2) **関係者**　生命保険契約における被保険者は、その者の生存又は死亡が保険事故となる者である（保険2条4号ロ）。一般的には、被保険者の生存が保険事故となる保険を生存保険と呼び、死亡が保険事故となる保険を死亡保険と呼ぶ。

被保険者は、保険契約者と同一でも異なる者でもよい。ただし、保険契約者以外の者の死亡を保険事故とする場合には、不法な目的で保険金を得るために利用されるおそれがあるため、被保険者の同意がなければ契約の効力は生じない（保険38条）。

一方、保険事故の発生によって保険金の支払請求権を取得する者は、**保険金受取人**という（保険2条5号）。保険金受取人は、保険契約者や被保険者と同一でも異なる者でもよいが、死亡保険の場合は、被保険者と保険金受取人が同一であることはない。保険契約者と保険金受取人が異なる場合には、保険契約者

図表 3-4　生命保険の関係者（死亡保険の場合）

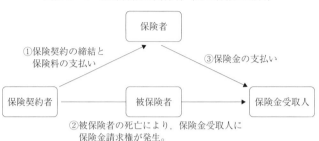

※　保険契約者と被保険者、保険契約者と保険金受取人は、それぞれ同一の場合もある。

は保険金受取人を指定でき、指定された者は受益の意思表示をしなくとも、当然に保険金の支払請求権を得る（保険42条）。

　保険契約者は、保険事故が発生するまでは、保険金受取人を変更できる（保険43条1項）。保険金受取人の変更は、保険者に対する保険契約者の一方的な意思表示によって行われ（同2項）、保険者や新旧の保険金受取人による同意は不要である。保険契約者による変更の意思表示が保険者に到達した時には、当該通知を発した時に遡ってその効力を生じる（同3項）。

　(3)　**保険金の不正取得のおそれ**　　利得禁止原則が妥当しない生命保険契約では、保険金を不正に取得しようとする者が現れるおそれがあることから、その対処が必要となる。

　生命保険における保険者は、保険契約者又は保険金受取人から保険事故発生の通知を受けた場合に、保険金の支払義務を負う（保険50条）。しかし、被保険者が自殺した場合や保険契約者又は保険金受取人が故意に被保険者を死亡させた場合、戦乱その他の変乱によって被保険者が死亡した場合には、保険者は免責される（保険51条各号）。

　また、保険者との信頼関係が損なわれるような重大な事由が発生した場合には、保険者は生命保険契約を解除することができる（保険57条）。例えば、保険契約者や保険金受取人が故意に被保険者を死亡させ、又は死亡させようとした場合や、保険金受取人が、当該生命保険契約に基づく保険給付の請求について詐欺を行い、又は行おうとした場合などである。

4　傷害疾病保険

　傷害疾病保険とは、偶然かつ急激な外来の事故が生じたことによって被保険者の身体に損害が発生したことを保険事故とする保険であり、被保険者のケガに関わる損害に備える傷害保険と、被保険者の病気に関わる損害に備える疾病保険が含まれる。

　傷害疾病保険は、保険金額の定め方によって、傷害疾病損害保険と傷害疾病定額保険に分かれる。傷害疾病損害保険契約とは、保険者が人の傷害疾病によって生じる損害をてん補することを約するものをいう（保険2条7号）。保険法は、傷害疾病損害保険契約を損害保険契約の一種として、特則を設けている（保険34条・35条）。

　これに対して、傷害疾病定額保険契約とは、保険者が人の傷害疾病に基づき一定の保険給付を行うことを約するものをいう（保険2条9号）。傷害疾病定額保険契約は定額保険であることから、生命保険契約と同趣旨の規定が多く置かれている（保険66条以下）。

4章　会社法

I　会社法総論

1　会社法は何のためにあるのか

　会社法は企業組織の1つである会社に関する法である（会社1条）。会社法は原則として**強行法規**である。つまり、法が許さない限り、当事者で会社の組織運営に関する定めを勝手にすることはできない。なぜならば、会社と会社を取り巻く利害関係人の間の利害を調整し、それらの利益が不当に損なわれないようにする必要があるからである。このことによって、人びとが安心して出資をし、取引関係に入ることができる結果、経済社会において会社が積極的に活用される。

　現行の会社法は2005（平成17）年に制定された。それまで商法・商法特例法・有限会社法に分散していた会社の組織に関する規範を再編・統合したものである。その後、新たな課題に対応するため2014（平成26）年に改正された。

2　会社とは何か

　(1) **会社の形**　　会社とは、理念的には複数人が出資して共同で事業を行うために設立される**共同企業**の1つであり、会社という法形式を採用するものである。会社法は、会社として、株式会社と持分会社を定める（会社25条以下・575条以下）。持分会社は合名会社・合資会社・合同会社に細分化される（会社576条・638条1項2項3項）。**株式会社**と**持分会社**の大きな差異は、出資者の会社運営に対する関与である。持分会社は、出資者（社員）がその地位に基づいて直接会社の運営に携わることを前提としていることが特徴であるのに対し、

株式会社は、出資者（株主）がその地位に基づいて直接会社の運営に携わることを前提とせず、取締役が経営を担当することが特徴である（会社348条1項・590条1項）。

(2) **営利社団法人としての会社**

(ⅰ) 営利性　　会社は営利性を有する。ここでいう会社の営利性とは、事業活動を通じて利益を上げ、それを出資者に分配することを目的とすることとされている。とりわけ出資者に分配することを目的とする点が、一般社団法人等の非営利法人との区別を明確にする（会社5条・105条2項・611条2項・666条・621条1項）。

(ⅱ) 社団性　　社団とは、人が寄り集まって形成した団体のこととされ、財産の集合である財団に対比される。沿革的に、会社は複数の人間が寄り集まって共通の事業目的を達成するために形成される共同企業の一種であることから、社団であるとされる。もっとも現行の会社法において、会社は1人の出資者で設立でき（一人会社）、複数人が寄り集まることは要求されていない。したがって、出資者が1人であり出資者自身が取締役となり経営を担当するような小規模な会社も、他の会社が100%株式を保有する完全子会社も適法に存在することができる。

(ⅲ) 法人性　　法律上の権利を有し義務を負うためには、権利能力が必要である。権利能力を有する主体として、生きた人間である自然人と、法によって人の集合体、財産の集合体に特に権利能力が認められた**法人**が存する。会社は法人とされる（会社3条）。会社が法人とされることにより、会社は背後にいる出資者（社員・株主）とは別個独立の権利義務の帰属主体となりうる。これにより会社と取引をする相手方との法律関係が簡単に処理できる。会社の権利能力は会社の目的の範囲に限定されるが、目的遂行に必要な行為まで含まれるとするのが判例の見解である（最判昭和27・2・15民集6・2・77〔会社百選1〕、最大判昭和45・6・24民集24・6・625〔会社百選2〕）。

背後にいる出資者と別人格となることから、例えば義務を回避する目的で法人格が用いられる場合がある。その際、背後にいる出資者と取引をしたと信じた相手方に不利益が生じることがある。そのような場合に、当該紛争における適切な解決を得るために、会社に付与された法人格を取り払って、その背後に

いる出資者と同一視することを可能と解する。この法理を法人格否認の法理という（最判昭和44・2・27民集23・2・511〔会社百選3〕、最判平成17・7・15民集59・6・1742〔会社百選4〕）。

(3) **株式会社に見られる特徴**　会社法上、会社の出資者を**社員**という（従業員のことではない）。持分会社の出資者をさす場合も社員といい、株式会社の出資者のみをさす場合は**株主**という。

株式会社は歴史的に多数の株主からなる大規模な企業の運営のための法形式として発展してきた。1人ひとりの出資は少額でも多数の者から資金を調達することで大規模な事業を行うために必要な財産的基礎を形作ることができ、かつ事業活動から生ずる損失の危険が多数の株主に広く分散される。

株式会社の第1の特徴は、会社の経営に直接携わることを前提としていない株主の責任が出資の額までに制限されていることである（会社104条）。これを**株主有限責任の原則**という。株式会社が多数の株主からの出資によって大規模な事業活動を行うための資本を形成するためには、個々の株主の責任を限定することが望ましいと考えられているからである。これにより、株主は出資した際に自己の全財産を事業活動から生じる損失のリスクにさらすことなく、事業活動から生じる利益に参加することができ、出資が促進される。

多数の出資者が存在しうるということから、第2の特徴が導かれる。それは株主の出資者としての地位である株式が細分化された割合的な単位とされていることである。多数の株主が存在する場合、1人ひとりの株主の権利の内容が異なると会社の負担が大きい。そこで会社法は株主の出資者としての権利を細分化された割合的単位として定型化する。株主はその出資に応じて株式を取得する。例えばある株式が1株につき1万円で発行される場合に、100万円出資した株主は株式を100株取得し、1万円出資した株主は1株取得する。このようにすることで、株主に剰余金を配当する際には1株につき一定額とすることによって、また株主総会での決議の際には1株につき1議決権とすることによって、各株主との関係が簡単かつ公平に処理される。

株主の責任が有限であることから、第3の特徴が導かれる。それは会社債権者保護のために、**資本の制度**が設けられていることである。出資された財産の価額を基準とした計算上の数額のことを資本金という（会社445条1項）。この

資本金等が、株主に対する剰余金の分配の上限である分配可能額の算定の基準の１つとされることによって、会社の純資産額の一定額が株主等への払い戻しのために用いられず、会社に留保されることとなる（会社446条・461条）。有限責任の出資者しかいない株式会社では、負債に見合う資産額が会社に確保されているだけでは、会社財産の変動によって債権者への弁済が直ちに困難になりうる。純資産額に相当する財産の一部が会社に留保されていることにより、会社財産の変動にもかかわらず、会社債権者の債権の満足の可能性を高めることができる。

2 株式会社の設立

1 設立とは何か

(1) **会社を設立するということ**　設立とは法人となる会社の組織の形成のことである。組織を形成するには、設立行為を行う者が必要である。会社法は株式会社の設立行為を行う者を発起人とし、それは定款に発起人として署名した者とする。組織の形成には、会社の基本的枠組みの決定、事業活動のために必要な財産的基礎の確立、会社の機関の設置が必要とされる。

会社の基本的枠組みの決定とは会社の根本規則である**定款**の作成のことである。会社の設立には許可や認可を必要としない**準則主義**が採用されているため、法の定めに従い必要な記載事項が定められることが必要である。事業活動のために必要な財産的基礎の確立とは、設立時の出資のことであり、設立の際に払い込まれるべき資金が確実に払い込まれること、払い込まれた資金が成立後の会社の事業活動に用いられるようにすることが必要である。もし、標榜する資本金額に相応する資金が払い込まれていないと、出資をきちんと行った株主が不利益を被り、また資本金額を信頼して取引関係に入った会社債権者の利益を損なうことになるためである。会社の機関の設置とは成立後の会社が活動するための役員等の選任等のことであり、これは会社が選択した機関構成にしたがって、適切に行われる必要がある。会社は法人であるため、会社の意思を形成して対外的に表示する者、事業目的達成に向けて業務執行を行う者の存在が前提とされているからである。

以上の点から、株式会社の設立手続は持分会社の設立手続に比べて複雑である。なぜならば、多数の株主が存在し、株式の譲渡による株主の地位の移転が予定されているので会社の基本的事項は確実に定められなければならず、株主相互及び会社債権者の利益を保護するために株主による出資は確実に履行されなければならず、株主が直接経営を担うことを当然としていないために経営を担う機関及びそれを監督する機関の設置が必要不可欠だからである。

(2) 発起人

（ⅰ）発起人とは何か　　発起人とは株式会社の設立行為を行う者であり、定款に発起人として署名又は記名押印した者と解するのが通説である（会社26条1項）。事実上会社の設立に携わっている者がいたとしても、その者は発起人ではない。もっとも、定款に署名をしなくても、募集による設立が行われる場合に募集の広告等に自己の氏名又は名称と設立を賛助する旨を記載することを承諾した場合は発起人とみなされ、発起人と同様の責任を負う（会社103条4項）。

　誰が発起人であるかが形式的に確定されることで、設立に際して責任を負う者が明らかになる。発起人の資格、員数に制限はない。自然人に限らず、法人も発起人となることができる。発起人は1名のみでも複数でもよい。発起人が複数人の場合、発起人組合が形成される（最判昭35・12・9民集14・13・2994）。

（ⅱ）発起人の権限　　発起人は法律で定められた設立のための行為を行う。法で定められたもの以外にも、設立のために必要な行為は考えられる。例えば設立事務を遂行するための事務所の賃借や、備品の購入等である。判例は定款に記載し、かつ創立総会の承認、又は裁判所の検査を経た設立費用の範囲で、発起人がなしたこのような行為につき会社が費用を負担するとする（大判昭2・7・4民集6・428会社百選7）。これに対し、多数説は、発起人はこのような行為をなす権限を有し、したがってこれらの行為によって生じた費用は会社が負担するが、定款に記載された設立費用の範囲を超えた額については発起人に求償することができると解している。これは発起人がどのような行為をすることができるかということと、その費用を誰が負担しなければならないかということを区別すべきであるという考え方に基づいている。

　さらに成立後の会社が営業活動を開始するための準備のための行為はどうだろうか。確かに、会社の設立とは、法人格を取得すること自体が目的なのでは

なく、定款に掲げた事業目的を遂行するために設立されるのだから、成立後速やかに定款所定の目的達成のための活動を行うことができるように、発起人は開業の準備をすることができるという見解もある。しかし、判例・多数説は、発起人の権限は会社の設立の範囲にとどまるのが原則であり、成立後の開業の準備には及ばないと解する（最判昭33・10・24民集12・14・3228〔会社百選5〕）。なぜならば、会社の財産的基礎の充実の要請から、設立手続中の行為は保守的に行われるべきであり、開業の準備は、選任された経営担当者である取締役等に委ねられるべきと考えられるからである。そこで、法は財産引受として、発起人が成立後の会社のために財産を譲り受けることを約することは、定款に記載されることを要件として許容している（会社28条3号）。これは、例えば不動産のような同じものを取得するのが困難な財産について、設立段階におけるその取得の必要性にかんがみて、法が特に厳格な要件の下に例外として許したと考えることになる。

2　株式会社設立のステップ

(1)　**定款の作成**　定款とは会社の組織及び活動に関する基本的な事項を定めた根本規則のことである。定款の作成は発起人が署名（記名押印・電子署名）をすることによってなされる要式行為である。作成された定款は公証人の認証を受けなければ、その効力を生じない。発起人によって合意された事項を確定し、後日の紛争を防ぐためである。

定款に必ず記載されなければならない事項を**絶対的記載事項**という（会社27条柱書）。これらの記載がなければ定款の効力が認められない。具体的には「目的」「商号」「本店所在地」「設立に際して出資される財産の価額又はその最低額」「発起人の氏名（名称）及び住所」「発行可能株式総数」である（会社27条各号・37条1項）。

相対的記載事項とは、その記載がなくても定款の効力に影響はないが、当該事項の効力を発生させるためには記載が必要な事項のことである。設立費用、財産引受といった変態設立事項は、ここでいう相対的記載事項である（会社28条）。

任意的記載事項とは、その記載がなくても定款の効力に影響はなく、当該事項の効力を発生させるためにも記載は必要ではないが、記載されることによっ

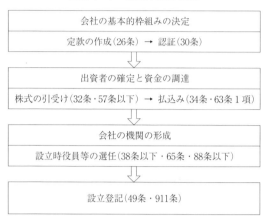

図表 4 - 1　設立手続の流れ

会社の基本的枠組みの決定
定款の作成(26条) → 認証(30条)
⇓
出資者の確定と資金の調達
株式の引受け(32条・57条以下) → 払込み(34条・63条1項)
⇓
会社の機関の形成
設立時役員等の選任(38条以下・65条・88条以下)
⇓
設立登記(49条・911条)

て定款の内容としての効力を持つ事項のことである。例えば、会社法は取締役の員数の下限は定めているが、上限は定めていない。会社は任意にその上限を定めることができるが、それをあえて定款の記載事項として定めると任意的記載事項となる。もし、上限を超えて取締役が選任されるならば、その株主総会決議は内容が定款に違反するものとして総会決議取消しの訴えの対象となる（会社831条1項2号）。

(2)　**出資者の確定と資金の調達**　誰が出資者となるかを確定する方法によって、手続は**発起設立**と**募集設立**に分かれる。発起設立とは設立時発行株式のすべてを発起人のみが引き受ける方法である。募集設立とは設立時発行株式の一部を発起人が引き受け、残りの部分について引き受けるものを募集する方法である（会社57条以下）。

発起設立の手続は、以下のとおりである。まず発起人による設立時発行株式に関する事項の決定が行われる（会社32条1項）。各発起人が割り当てを受ける株式の数、それと引き換えに払い込む金銭の額、成立後の会社の資本金に関する事項がこれにあたる。ここで、発起人が設立時に発行されるすべての株式を引き受けると発起設立となる。これは発起人全員の同意によらなければならない。次に変態設立事項の調査である（会社33条1項ないし11項）。現物出資・財産引受等について発起人は、裁判所に対し検査役の選任の申し立てをしなければならない。裁判所によって選任された検査役が、これらの事項の調査をし、裁判所に報告をする。裁判所は、変態設立事項が不当であると認めるときは、これを変更する決定をする。この検査役の調査に関しては、会社の負担が重いことから、一定の場合に検査役の調査を不要とする例外が定められている。最

後に出資の履行である（会社34条1項）。発起人は設立時発行株式の引き受け後、出資を行う。出資が金銭である場合には金銭の全額の払込み、金銭以外の財産であれば、その全部の給付をしなければならない。

　募集設立の手続は以下のとおりである。発起人による設立時発行株式に関する事項の決定の際、発起人がすべてを引き受けず、設立時発行株式を引き受ける者の募集をすることを決定することにより、募集設立となる（会社57条1項）。発起人は、まず設立時募集株式の申込みをしようとする者に対して、一定の事項を通知しなければならない（会社59条1項）。つまり会社の情報を提供することを義務付けているのである。通知を受けた者は、会社に対して設立時株式の引受けの申込みをする（会社59条3項）。この申込みは書面又は電磁的記録でなされなければならない。申込みの事実を確実にするためである。申込みがなされると、発起人は申込者の中から、設立時募集株式の割り当てを受ける者と、それぞれに割り当てる株式数を定める（会社60条1項）。この際、発起人は、申込者の申し込んだ株式数を下回る範囲で、自由に割り当てることができるとされている。この割り当てを受けたものが**株式引受人**となる。引受人は払込みの期日、または期間内に払込取扱機関に払込金額の全額の払込みをしなければならない（会社63条1項）。払込取扱金融機関は、発起人の求めに応じて払込金保管証明書を交付する（会社64条1項）。この証明書を発行した金融機関は、この証明書が事実と異なること、又は払い込まれた金銭の返還に関する制限があることをもって成立後の会社に対抗することができない（会社64条2項）。つまり、成立後の会社の求めに応じて証明額を支払わなければならないということであり、これは払い込まれた金銭が確実に成立後の会社の事業活動の資金として用いられることを担保することとなる。

　(3)　**設立時役員等の選任**　　会社では出資者である株主が直接会社の業務執行を行うのではなく、経営の専門家たる取締役等に委ねられる。したがって、会社の設立に際して、成立後の会社の**機関**となるべき者を選任しておく必要がある。それが設立時役員等である。設立時役員等とは、設立時役員である「設立時取締役」「設立時監査役」「設立時会計参与」と「設立時会計監査人」のことをいう。これらの内のどのような者が何人選任されるかは、成立後の会社が採用する機関構成による。発起設立の場合、それらは発起人によって選任される

（会社38条1項）。その選任の決定は、発起人が株式引受人として有する議決権の過半数によってなされる（会社40条1項）。成立後の会社の運営を誰に任せるかという問題であるから、設立される会社に対して負っているリスクに応じ、設立前の時点で資本多数決の原則が妥当する。

募集設立の場合、設立時役員等は創立総会で選任される（会社88条1項）。創立総会とは、設立時株主全員によって構成される設立中の会社の意思決定機関であり、成立後の会社の株主総会に相当する（会社66条）。株式引受人は会社の設立手続に直接参加しているわけではない。そこで、株主総会類似の会議において、株式引受人が設立手続の経過その他の事項について報告を受ける機会、役員の選任、会社の設立を廃止する機会を設ける必要がある。創立総会に関する規律の多くは、成立後の会社の株主総会とほぼ同様の規定が設けられている。創立総会における意思決定に際しては、すでに述べたように、資本多数決の妥当する場面であるから、設立時株主が引き受けた設立時株式1株につき1個の議決権を有するのが原則である（会社72条1項）。

(4) **設立登記**　設立時役員等が選任されると、設立登記の前に設立時取締役等による調査が行われる（会社46条1項）。発起人による会社の財産的基礎を害するような行為がないか調査することが目的である。募集設立の場合は、創立総会で選任された設立時取締役らが直ちに調査をして創立総会に報告することとなる（会社93条1項）。

調査終了後、設立登記によって会社が成立する（会社49条）。どの時点から権利義務の主体となりうるかを外部から認識可能な状態で明らかにする必要があるためである。成立後、会社は出資者である株主とは別個の独立した権利義務の主体となる。

3　設立関与者の責任・設立の無効

(1) **設立関与者の責任**

(i) **出資された財産等の価額が不足する場合の責任**　発起人及び設立時取締役は、会社の成立時における現物出資財産等の価額が、当該現物出資財産等について定款に記載され、または記録された価額に著しく不足するときは、当該会社に対して、連帯して当該不足額を支払う義務を負う（会社52条1項）。検

査役の調査を経ない場合に、その払込みを確かにするためのものである。ただし、当該発起人又は設立時取締役がその職務を行うにあたり注意を怠らなかったことを証明した場合には責任を免れる（会社52条3項）。

　(ii)　出資の履行を仮装した場合の責任　　発起人は、実際に払込みや現物出資財産の給付をしていないにもかかわらずしたように仮装した場合には、その仮装した払込み全額の給付、仮装した出資に関する財産の全部の給付をする責任を負う（会社52条の2第1項）。出資の履行が仮装されると、仮装払込みをした発起人は払込みをしていないにもかかわらず、出資したとされる価額に相当する株式を取得するが、これは他の出資者の経済的利益を損なうからである。出資の履行を仮装することに関与した発起人又は設立時取締役も、自己が注意を怠らなかったことを証明しない限り同様である（会社52条の2第2項）。募集設立の際の株式引受人が払込みを仮装した場合、引受人は仮装した払込みの全額を支払う義務を負う（会社102条の2第1項）。この責任は総株主の同意がなければ免除することはできない（会社55条・102条の2第2項）。当該仮装払込みに関与した発起人又は設立時取締役も、その職務を怠らなかったことを証明しない限り責任を負う（会社103条2項）。いずれも仮装払込みをなした者は、以上の責任を果たしていない限り、その設立時発行株式について、設立時株主及び株主としての権利を行使できない（会社52条の2第4項・102条3項）。

　(iii)　発起人等の損害賠償責任　　発起人、設立時取締役又は設立時監査役は、会社の設立についてその任務を怠ったときは、当該会社に対しこれによって生じた損害を賠償する責任を負う（会社53条1項）。

　発起人、設立時取締役又は設立時監査役がその職務を行うにあたり悪意又は重大な過失があったときは、当該発起人、設立時取締役又は設立時監査役はこれによって生じた第三者に対する損害を賠償する責任を負う（会社53条2項）。

　(iv)　会社不成立の際の発起人の責任　　何らかの理由によって設立手続が途中で断念される等により会社が成立しなかったときは、発起人は連帯して会社の設立に関してなした行為についてその責任を負い、会社の設立に関して支出した費用を負担する（会社56条）。この規定によって、発起人の責任が連帯であることと、募集設立の際に株式引受人は会社が不成立の際の費用の負担をしないことが明らかにされる。

コラム4-1　預合(あずけあい)・見せ金

払込みを仮装する方法として、預合、見せ金がある。

預合とは、発起人等が株金の払込みを仮装するために払込取扱機関の役職員と通謀して行う仮装行為のことである。具体的には発起人が払込取扱機関である銀行等から金銭を借入れ、それを払込みに充てるのだが、発起人が借入れた金銭を返済するまでは払い込まれた金銭は引き出さないという約束がなされ、払い込まれた金銭は成立後の会社のために用いられることはない。このような行為は刑事罰をもって禁止されている（会社965条）。

見せ金とは、発起人が払込取扱機関以外の第三者から借入れをし、それを払込みに充てて会社を成立させた後、取締役となった発起人が会社から資金を借入れ、それを第三者からの借入れの弁済にあてるというものである。このような行為は個々の行為をみると適法だが、一連の行為として評価すると実質的に成立後の会社の財産の充実に資していないので有効な払込みと評価できないと解される（最判昭38・12・6民集17・12・1633）。その結果、払込みを仮装した発起人等は成立後の会社に対し、仮装した出資にかかる金銭等の全額の支払い義務を負うこととなる。また資本金の額が登記事項であるところから、見せ金による資本金額の登記を行うことは公正証書原本不実記載罪として刑事罰の対象となる（成立後の会社に関する判例として最決平3・2・28刑集45・2・77〔会社百選103〕）。

(2)　**設立の無効**　会社（ここでは持分会社を含む）の設立の無効は訴えをもってのみ主張することができる（会社828条1項1号）。会社の組織に関する訴えの1つであり、画一的確定の要請があるためである。また、法的安定性の維持のため、提訴期間、提訴権者が限定されている（会社828条2項1号）。

設立無効の請求を認容する確定判決は、訴訟の当事者に限らず第三者に対してもその効力を生ずる（会社838条）。また、判決で確定した無効は、将来に向かって効力を生ずる（会社839条）。すなわち、設立登記が行われてから設立無効の判決が確定するまでの会社の行為は有効である。無効判決が確定しても会社の法人格は直ちに消滅せず、会社は清算の手続に入る（会社644条2号）。

3 株　式

1　株式とは何か

(1)　**株主の権利**　**株式**とは、株主が出資をすることによって会社に対して有する出資者としての地位（権利）と解されている（会社105条1項柱書）。それに基づき会社から配当の分配を受ける権利、株主総会での決議に参加する権利のような個別の具体的な権利が発生する。

株式には、細分化された割合的単位の形をとるという特徴がある。細分化とは、株主は1人につき1つの株式を有するのではなく、その出資に応じて複数の株式を有するということを意味している。割合的単位とは、その細分化されている権利としての株式が、原則として均一であることを意味している。細分化された割合的単位とされることによって、多数の株主が存する会社において、会社と株主の関係を簡単に処理することができる。株主に対して配当をする際に、1株につき一定の金額と定めることにより、株主の有する株式数に応じた比例的取扱がなされる（会社454条3項）。株主総会で決議が行われる際に、株主の有する株式1株につき1議決権を有すると定められていることも同様である（会社308条1項本文）。また、株主はその有する株式の全部ではなく、その一部を自分の資金需要に応じて譲渡することが可能となる。市場では株式が均一なので、取引のコストが節約される。このように株式は、多数の株主が存する際の会社の円滑な運営の確保に向いている。

(2)　**自益権と共益権**　株主の個別具体的な権利は、その性質に応じて**自益権**と**共益権**に分類される。自益権とは会社から経済的利益を受けることを内容とするものである。剰余金の分配を受ける権利、残余財産の分配を受ける権利は自益権の典型的なものとされる（会社105条1項1号・2号）。その他、組織再編等一定の場合に株主の利益を保護するために認められる株式買取請求権（会社116条・182条の4・469条・785条・797条・806条）、株主名簿の名義書換請求権（会社133条）などが自益権に属するものとされる。株主に剰余金の分配を受ける権利と残余財産の分配を受ける権利の全部を与えないと定款に定めることは許されない（会社105条2項）。すなわち会社が事業活動を行い、そこから生じた利

益を出資者である株主に分配することが求められており、これは会社の営利性を明らかにした規定であるといえる。

共益権とは会社の経営に参与することを目的とするものである。株主総会における議決権は共益権の典型的なものとされる（会社105条1項3号）。その他、株主提案権（会社303条・304条・305条）、総会決議の取消しの訴えの提起権（会社831条）等の各種訴権、取締役の行為の差止請求権（会社360条）などが共益権に属するものとされる。共益権には1株以上有する株主が行使できる単独株主権と、発行済株式数の一定割合以上又は総議決権の一定割合以上を有する株主のみが行使することができる少数株主権がある。例えば会計帳簿閲覧請求権（会社433条）を行使できるのは総株主の議決権の100分の3以上の議決権を有する株主又は発行済株式の100分の3以上の数の株式を有する株主とされている。

(3) **権利の内容のバリエーション**　株主がどのような権利を有するかについては、会社法に予め定められている。定款に格別の定めがおかれない限りすべての株式の内容は均一である。その有する株式の数にかかわらず与えられる権利の内容が原則として同一であることで、株主は金額の多少にかかわらず安心して出資をすることができる。しかし、会社法は会社運営上の出資者間の利害調整のルールを会社法上の制度として組み込む方法として、内容の異なる複数の種類の株式の発行を許容する。例えば株主総会で議決権を行使することができる事項について特別の定めがなされた株式を発行することにより、その株式を有する株主の議決権を制限あるいは排除することができる。また、会社が事業活動に必要な資金を適時かつ円滑に調達できることは、企業の収益力を高め、すなわち企業価値を高めることが期待される。そのために剰余金の配当、残余財産の分配、取得請求権、取得条項といった内容について、出資者の希望に沿うように株式の内容について特別の定めをすることを許容している。これらの特別な内容については、その他の株主の利益に配慮して慎重な手続が求められており、定款で定めることとされている。

(i) 全部の株式の内容についての特別の定め

会社が発行する全部の株式の内容について、以下のような特別の定めをすることができる。

(a) 譲渡による当該株式の取得について当該会社の承認を要すること（会

≡≡≡
料金受取人払郵便

京都北郵便局
承　認

8094

差出有効期限

2020年8月31日
まで〈切手不要〉

郵便はがき

414

京都市北区上賀茂岩ヶ垣内町71

法律文化社
読者カード係　行

ご購読ありがとうございます。今後の企画・読者ニーズの参考，および刊行物等のご案内に利用させていただきます。なお，ご記入いただいた情報のうち，個人情報に該当する項目は上記の目的以外には使用いたしません。

お名前（ふりがな）	年　齢

ご住所　〒

ご職業または学校名

ご購読の新聞・雑誌名

関心のある分野（複数回答可）

法律　政治　経済　経営　社会　福祉　歴史　哲学　教育

愛読者カード

◆書　名

◆お買上げの書店名と所在地

◆本書ご購読の動機
□広告をみて（媒体名：　　　　　　　）□書評をみて（媒体紙誌：　　　　　　　）
□小社のホームページをみて　　　　　　□書店のホームページをみて
□出版案内・チラシをみて　　　　　　　□教科書として（学校名：　　　　　　　）
□店頭でみて　　　□知人の紹介　　　　□その他（　　　　　　　　　　　　　　）

◆本書についてのご感想
　内容：□良い　□普通　□悪い　　　　価格：□高い　□普通　□安い
その他ご自由にお書きください。

◆今後どのような書籍をご希望ですか（著者・ジャンル・テーマなど）

＊ご希望の方には図書目録を送付いたします。

　　　図書目録（希望する・希望しない）

> **コラム4-2　優先株と劣後株**
>
> 　剰余金の配当、残余財産の分配に関する株式の内容についての特別の定めは、投資家のニーズに合わせて様々に活用される。まず優先、劣後という言葉だが、特別の定めがおかれていない場合に発行されているその株式を普通株として、それよりも配当又は分配の金額、機会について優先する権利が与えられているものを優先株、劣後する権利が与えられているものを劣後株と呼ぶ。剰余金の配当については優先するが残余財産の分配については劣後する内容の株式のように、優先する内容と劣後する内容が混在する株式は混合株と呼ばれることもある。
>
> 　このような株式は投資家のニーズに沿うことで、円滑な資金調達に役立つことが期待されている。例えば、株式取得の目的が経済的利益を得ることであり、経営に対する影響力に関心がない投資家に対して議決権が制限されている配当優先株を発行することによって、既存の株主の会社の支配権へ影響を及ぼさず資金調達をすることができる。また、創業株主が残余財産分配についての劣後株を保有することによって、会社が株式を発行して資金調達する場合に他の出資者からの信頼を得ることもできる。
>
> 　実際に活用された例としては、トヨタ自動車株式会社が中長期保有を思考する株主層を開拓し、研究開発資金を調達することを目的として2015（平成27）年に発行した第1回AA型種類株式がある。議決権は制限されないが配当を受ける機会については普通株式より優先し、一定期間保有する条件はあるものの普通株式への転換権と会社に対する取得請求権をつけることによって実質的に株価の値下がりリスクを回避することができる内容であった。会社法の定めを用いて投資家のニーズに柔軟に対応した1つの例といえる。

社107条1項1号）

　株主が株式を他者に譲渡する際、会社の承認を得なければならないということはつまり、譲渡の相手を自由に決定することが制限されるということを意味する。譲渡制限の定めという。

　(b)　当該株式について、株主が当該会社に対してその取得を請求することができること（会社107条1項2号）

　株主が会社に株式を買い取ってもらうことができるということを意味する。取得請求権という。

(c) 当該株式について、当該会社が一定の事由が生じたことを条件としてこれを取得することができること（会社107条1項3号）

株主の有する株式が会社によって強制的に取得されてしまうことを意味する。取得条項という。

(ii) 一部の株式の内容についての特別の定め

会社が発行する一部の株式の内容について、以下のような特別の定めをすることができる（会社108条1項1号ないし9号）。特別の定めをすることにより、会社は内容の異なる複数の種類の株式を発行することになる。この場合に、特別の定めのない株式のことを普通株式、特別の定めがなされた株式のことを種類株式と呼ぶことがある。

まず①譲渡制限、②取得請求権、③取得条項については、全部の株式の内容と同様に、一部の株式の内容として定めることもできる。

その他に④剰余金の配当、⑤残余財産の分配、⑥株主総会において議決権を行使することができる事項、⑦当該種類の株式について、株主総会の決議によって会社が当該種類の株式を取得することができること、⑧株主総会において決議するべき事項のうち、当該決議のほか当該種類の株式の種類株主を構成員とする種類株主総会の決議があることを必要とするもの、⑨当該種類の株式の種類株主を構成員とする種類株主総会において取締役または監査役を選任することが特別の定めの内容として定められている。

(4) **株式の共有**　株式は財産権であるから複数の人間で保有すること（民法上は準共有。民246条）がありうる。当事者の意思によらずとも、相続等によって被相続人の準共有にいたる場合もある（最判平2・12・4民集44・9・1165〔会社百選10〕）。株式が共有に属する場合には、共有者は権利行使者を指定し、それを会社に通知しなければならない。会社の事務処理の円滑に配慮したものである（会社106条）（最判平9・1・28判時1599・139〔会社百選11〕、最判平27・2・19民集69・1・25）

(5) **株主平等の原則**　株主平等の原則とは、会社は株主をその有する株式の内容及び数に応じて平等に取り扱わなければならないという原則である（会社109条1項）。2005（平成17）年の会社法の制定に際して、それまでは明文の定めのない原則として解されていたものが、明文で定められるに至った。

> **コラム 4-3** 株主優待制度
>
> 　株主優待制度とは、一定の時期に一定の株式数を有する株主に対して会社が何らかの品物やサービスの提供を受ける権利を与えるものである。典型的なものとして、電鉄会社の株主に交付される優待乗車証や航空会社の株主に提供される株主優待割引運賃での優待搭乗が挙げられるが、必ずしも自社の商品、サービスに限られるものではない。現在では上場企業において個人株主を増加させ継続して株式を保有する安定株主を形成すること等を目的に広く実施されており、その内容も金券、食品等多様である。
>
> 　しかし、株主優待制度は株主である者に経済的利益を提供するものであるから、それが株式数に比例して提供されない場合、株主平等原則に違反するのではないかという疑問が生じる。現に行われている株主優待の多くは厳密に株主の有する株式数に比例するものにはなっていない。この点についてはいくつかの見解があるが、社会通念上許容される儀礼の範囲であれば軽微なものとして許容されると解されている。
>
> 　さらに、会社法上金銭の代わりに配当として現実の財産を分配することが許されているところ、株主優待制度はこの現物配当についての規制を回避するものではないかとの疑問も呈されている。現状は株主優待制度の目的の合理性と提供される財産的利益の態様から一律に違法無効なものとは解されていない。しかし、もっぱら個人株主を対象にした株主優待制度は機関投資家等にとっては歓迎されるものではなく、むしろ経済的利益は端的に配当として分配されるほうが望ましい。そこで株主優待制度を廃止する会社も存在する。株式会社三菱UFJフィナンシャル・グループは「利益成長を通じた1株あたり配当金の安定的、持続的な増加を目指す」として2016年に株主優待制度を廃止した。会社から株主への財産的利益の供与としてどのような方法・内容が妥当なのか、今後の検討課題といえるだろう。

　株主平等の原則は、株主間で異なる取扱いを一切してはいけないということではない。会社が複数の内容の異なる種類の株式を発行することは、法の許容する例外である（会社108条1項各号）。また、一定の数、持分割合を有する株主のみが行使できる少数株主権も、法の許容する例外である（会社297条1項・433条1項等）。株主平等原則は、許されている例外を除き、株主の平等を要請する。この原則に違反する会社の行為、取締役会の決議、株主総会の決議は無効と解されている。これにより、多数派である株主の権利の濫用による少数株主

の不利益を防ぐことができる。

　法が定める例外の1つとして、公開会社でない会社は、105条1項各号に掲げる権利に関する事項について、株主ごとに異なる取扱いを行う旨を定款で定めることができるというものがある（会社109条2項）。閉鎖的な会社では、厳密に持ち株数に比例した取扱いが必ずしも当事者らの合理的意思に合致しない場合があるので、これはそのような場合に株主の有する株式の数によらない柔軟な取扱いをすることを許すものである。

2　株主の権利に関する利益の供与の禁止

　会社は何人に対しても、株主の権利の行使に関し、財産上の利益の供与をしてはならないとされている（会社120条1項）。この規定で禁止されているのは「会社又は子会社の計算においてするもの」である。この点で、会社資産が浪費されることを防ぐことが目的であるが、より広く会社により株主の権利行使に影響が与えられることを防ぐのもまた目的であると解される。

　この規定は会社法制定前の商法において、いわゆる総会屋対策として設けられた。総会屋とは、株主としての権利を濫用して会社から経済的利益を得ようとする者のことをいう。しかし、現行の会社法上、利益供与の対象者が総会屋と限定されているわけではない。例えば、会社の側から一般の株主に対して特定の議案への賛成の勧誘のために金品を供与するような行為も禁止されると解される。また、会社から見て好ましくないと判断される株主が議決権等の株主の権利を行使することを回避する目的で、当該株主から株式を譲り受けるための対価を何人かに提供する行為も利益供与に該当する（最判平18・4・10民集60・4・1273〔会社百選14〕）。

　違法な利益供与を受けたものは、その利益を返還しなければならず、利益供与に関与した取締役等は、その供用した利益額に相当する額を会社に対して支払う義務を負う（会社120条3項・4項）。さらに、本条に違反する利益供与を行った取締役等については刑事罰を課す規定がおかれている（会社970条1項・2項・3項）。

3　株券の発行

　会社は株券を発行することができる（会社214条）。株券は有価証券とされ、株式を証券に結合させることにより、その権利の所在を明らかにし、行使、譲渡を円滑にする機能が認められる。しかし、閉鎖的な会社においては、株式の譲渡が頻繁に行われることは予定されておらず、会社に対する株主の関係は株主名簿で処理されるため、株券発行の必要性は乏しかった。そこで、2005（平成17）年に制定された会社法は多くの閉鎖的な会社の実態にあわせ株券の不発行を原則とした。上場会社については振替株式制度（後掲5⑵）を参照のこと。

4　株式の譲渡とその制限

　⑴　**株式譲渡自由の原則**　　株主は、その有する株式を自由に譲渡することができる（会社127条）。これが**株式譲渡自由の原則**である。株式の譲渡により、株主の権利は譲受人に移転する。

　この原則は、株主の投下資本回収の手段を保障するためのものと解されている。会社法は、株主が会社に対して出資し取得した株式を再び資金に転換するために、会社から出資の払い戻しを受けることを原則として予定していない。それは、会社が法人であり、会社の背後にいる株主は会社の債務について有限責任を負っているのみであるところ、株主に対する出資の払戻しを無制限に許すと取引先など会社に対して債権を有している者への弁済の原資となる会社財産が減少する結果、それらの者へ不利益を生じさせるおそれがあるからである。そこで、株主に出資で得た株式を会社からの払い戻しによらず、再び資金に転換する方法を保障する必要がある。株主が資金を必要とするときに円滑に株式を資金に転換できないおそれがあると、株主は手元資金のうち、当面利用する予定のない部分のみしか出資することができないからである。これは、会社が必要な資金を出資によって調達しようとするときに、それに応じて出資される資金が十分に集まらないことを意味する。そのような事態を避けるためにも、株式の譲渡を原則として自由としておくことが必要である。もちろん、株主としての権利を行使する者の交代は会社運営に影響が一切ないわけではない。しかし、会社においては所有と経営が分離され、経営は取締役に任されているわけだから、株主の交代は会社にとって許容可能である。

(2) **株式譲渡の制限**　株式の譲渡が自由であるということは、株主はその有する株式を譲渡する相手・時期・数量を任意に選択できるということを意味する。しかし、株式譲渡自由は無制限なものではなく、法は一定の例外を認める。

　まず、法律上株式譲渡が制限される場合がある。時期による制限と、子会社による親会社株式取得の制限である。時期による制限とは、会社成立前又は新株発行前の株式引受人の地位の譲渡は会社に対抗することができないというものであり、厳密には株式の譲渡の制限ではない（会社35条・63条2項・208条4項）。設立事務、新株発行事務の円滑を目的としている。子会社による親会社株式取得の制限とは、会社による自己が発行した株式の取得につき、手続および取得財源の制限を定めているところ、子会社を通じた取得によりそのような制限を回避することの防止を目的としている（会社135条1項）。

　次に、定款によって株式譲渡が制限される場合がある。全部又は一部の株式の内容として定款で株式譲渡の制限の定めをすることができる（会社107条1項1号・108条1項4号）。株式譲渡自由の原則が定められる一方、会社によっては誰が株主であるかという株主の個性が重視される場合がある。とりわけ小規模で閉鎖的な会社においては、会社にとって好ましくない者が株主として参入してくると、会社の運営に支障をきたすおそれがある。また、会社が複数の種類の株式を発行している場合、その発行された株式の内容によっては、やはり誰が株主であるかという株主の個性が重視される場合がある。以上のような場合には株式の自由な譲渡を制限する必要性が認められる。これが、株式の譲渡による株主の交代を制限する目的である。

5　株式譲渡と株主の権利行使の方法

(1) **株主名簿と名義書換**　**株主名簿**とは、株主の氏名、住所並びにその保有する株式に関する事項を記載・記録した名簿である（会社121条各号）。会社は株主名簿を作成し保管しなければならない。株式の譲渡が自由であるということは、会社は現在誰が株主であるかということを把握できないということである。そうすると、会社が株主に権利の行使を行わせる際には、その都度ごとに権利を行使する株主の側より会社に対する権利の申し出がなされ、株主が確定

される必要があるように思われる。しかし、多数の株主が存することが予定される会社にあっては、権利行使のたびに株主が自らの権利を申し出なければならないとすることも、会社がそれに応じて株主を確定しなければならないことも、両者にとって負担が大きい。そこで会社法は、会社に株主名簿を備え、株主が会社に対して株主であることを対抗（主張）するためには株主名簿に記載されなければならないとし、株主名簿に記載されている限り会社から株主として取り扱われることとした。会社に出資をして株主になった者は、当然株主名簿に記載される（会社132条1項各号）。株式を譲り受けた者は後述の名義書換請求をする必要がある。株主名簿上の株主は、会社に対して当該株主についての株主名簿記載事項を記載した書面の交付を求めることができる（会社122条1項）。株主・債権者は請求理由を明らかにしたうえ、当該会社の営業時間内は、いつでも株主名簿記載事項の閲覧・謄写を請求することができる（会社125条2項各号）。会社は一定の請求拒否事由がある場合を除き、閲覧・謄写の請求を拒むことができない（会社152条3項柱書）。（名古屋高決平22・6・17資料版商事法務316・198）

　株式を譲り受けた場合、譲り受けた者は会社に対して株主名簿の**名義書換請求**をすることができる（会社133条1項）。株主名簿に株式を譲り受けた者の氏名、住所が記載されることにより、当該会社に対して、その他の第三者に対して、自らが株主であることを対抗できるようになる（会社130条1項・2項）。名義書換請求は、原則として株式を譲り渡した株主と、譲り受けた者が共同で行うこととされている（会社133条2項）。譲り受けた者のみからの請求では、会社はその譲渡の事実を認識することができないからである。例外として、利害関係人の利益を害するおそれがないものとして法務省令で定められる場合には、株式の譲受人は単独で名義書換請求を行うことができる。

　株式の譲渡が制限されている場合、会社の承認を受けていなければ株主名簿の名義書換請求をすることができない（会社134条柱書）。つまり、株式の譲受人は会社に対して、株主であることを対抗できない。これによって、会社にとって望ましくないものが株主としての権利を行使することを防ぐことができる。（最判昭48・6・15民集27・6・700〔会社百選18〕）

　(2)　**振替株式制度**　　振替株式制度とは、株主の権利の所在を振替機関また

は口座管理機関が備える帳簿で管理する制度である。株券を廃し、取引の迅速な決済を可能にするために、2009（平成21）年1月に導入された。振替株式制度は上場企業等に用いられる。振替機関及び口座管理機関に備えられる振替口座簿の記載によって、株主の権利帰属が明らかにされる（社債振替140条・143条）。しかし、振替口座簿は株主名簿とは別個の名簿であり、会社に対して自らが株主であることを対抗するためには株主名簿の名義書換が必要である。この点、会社が基準日を定めた等の一定の場合には、振替機関から会社に対して口座簿に記載された情報が一斉に通知されるため、株主自身はなんらの手続を必要としない（社債振替151条1項、総株主通知）。しかし、株主が少数株主権を行使しようとする場合には、振替機関に申し出て自己に関する事項を会社に通知させなければならない（社債振替154条1項、個別株主通知）（最決平22・12・7民集64・8・2003〔会社百選17〕）。

(3) **株式の譲渡手続**　株主がその有する株式を譲渡する手続につき、会社法は株券が発行されている場合についてのみ定めている。株券が発行されている場合は、当事者間の意思の合致に加えて株券の交付が要求されている（会社128条1項）。株券が発行されていない場合は、法律行為の原則にしたがって当事者の意思の合致のみによって譲渡の効力が生ずると解されている。振替制度の適用がある場合には、当事者の意思の合致に加えて、振替口座簿の記載が要求されている（社債振替140条）。株式の譲渡とは、特定承継のことと解されており、相続、合併等の一般承継の場合には、それぞれの効力発生要件に依存する。

株式の譲渡が制限されている場合、先に述べたように株式を譲り受けた者は株主名簿の名義書換請求ができない（会社134条柱書）。そこで、株式の譲渡に際して、株式譲渡の承認手続を経る必要がある。承認の手続は、譲り渡そうとする株主からでも、株式を譲り受けた者からでも行うことができる（会社136条・137条1項）。この承認請求は、譲り渡そうとする株式の数、譲り受ける者の氏名を明らかにして行う（会社138条各号）。会社が譲渡を承認するか否かの決定をするには、株主総会の決議、取締役会設置会社では取締役会の決議によらなければならない（会社139条1項）。

譲渡が承認されないならば、株式を譲り受ける者は株主としての権利を行使

できないため、事実上、株式を譲渡することはできない。しかし、それでは株主が株式を譲渡することによって資金に転換することが困難となる。そこで、会社の閉鎖性維持の利益と株主の投下資本回収の利益の調整を図るため、会社法は会社又は指定買取人による買取の手続を定めている。株主又は株式を取得した者が株式の譲渡承認請求をする際に、あわせて会社又は指定買取人による買取請求をすることができる（会社138条1項ハ・138条2号ハ）。会社は譲渡を承認をしない旨の決定をしたときには、当該株式を自ら買い取ることを定めるか、指定買取人を指定し、株主に通知しなければならない（会社140条1項・4項）。その場合の売買価格は当事者の協議によることが原則とされているが、裁判所に価格の決定を申し立てることもできる（会社144条1項・2項）（大阪地決平25・1・31判時2185・142〔会社百選19〕）。問題となるのは、会社が譲渡を承認するかしないかを決定しない場合や、承認しないとして会社が買い取るか指定買取人を指定するかを決定しない場合である。このような場合には、株主はいつまでたっても譲渡をすることも買取をしてもらうこともできない不安定な立場に置かれることになる。そのため、会社法は会社が一定の期間内に譲渡承認、買取の通知をしなかった場合には、承認をしたものとみなされるとして、株主の利益に配慮している（会社145条各号）。

6　自己株式

(1) 自己株式とは何か　　自己株式とは、会社が有する自己の株式のことをいう。会社法は会社が自己の株式を取得し保有することを原則として許容している。

　会社法は自己株式を取得することができる場合を限定列挙している（会社155条各号）。会社が自己株式を有償で取得する場合には、株主に対して会社財産が流出する。もしそれが無限定に行われるならば、会社債権者の利益を損なうおそれがある。株主に会社関係からの離脱の機会を保障するために、一定の事情が存在するときには、株主が会社に自己株式の取得を求めることを認める必要がある。そこで会社債権者の利益と、株主の利益の均衡に配慮し、取得財源規制が置かれる（会社461条1項1号ないし7号）。また、会社が自己株式を取得することは、株主に対する出資の一部払い戻しにほかならない。株主が株式を

取得した際に払い込んだ金額よりも多い金額が対価として支払われる場合、それは株主に対する分配の方法の1つである。したがって、株主間で機会の不平等が生じないように、あるいは不平等を生じることについて不利益を被る他の株主の承認を得るための自己株式取得の手続に関する規制が置かれる（会社156条ないし165条）。もっとも、組織再編行為に付随して自己株式が取得される場合は、当該再編手続の中で他の株主の利益に配慮される。会社が株主に対価を支払わないで、つまり無償で自己株式を取得する場合には、以上に述べたような利害の対立は生じず、したがって規制の対象とされない。

(i) 株主との合意に基づく自己株式取得　株主との合意によって会社が株式を取得する場合、まず、会社が自己株式を取得することを決定しなければならない。株主総会の決議によって、取得する株式の数、株式を取得するのと引き換えに交付する金銭等、1年を超えない範囲で株式を取得することができる期間を定める（会社156条1項）。以上の決定の範囲内で、会社は個別具体的な取得をしようとする場合にはその都度、当該取得において取得する株式の数、株式1株と引き換えに交付される金銭等の内容、対価として交付される金銭等の総額、株式の譲り渡しの申込みの期日を定める（会社157条1項）。これらは取締役会設置会社にあっては取締役会で決定しなければならない（会社157条2項）。会社は株主に決定事項を通知・公告しなければならない（会社157条1項・2項）。株主は会社に対してその申込みにかかる株式の数を明らかにして申込みをする（会社159条1項）。会社は、申込みの期日に当該株主が申込みをした株式の譲り受けを承諾したとみなされる（会社159条2項）。

会社は任意の株主から自己株式を取得するのではなく、特定の株主から株式を取得したい場合もある。そのような会社の必要を満たすため、法は特定の株主からの自己株式取得の手続を定める。特定の株主から自己株式を取得するということは、その他の株主らよりも投下資本回収の点で有利な取扱いであり、対価が不相当に高額である場合にはその他の株主の有する株式の財産的価値の下落を生じさせることから、その他の株主らの利益に配慮する必要がある。このためには、まず会社が自己株式の取得を決定する際に、特定の株主からの取得であることを定めなければならない（会社160条1項）。その決定の際には、その他の株主に対して特定の株主に自己を加えることを申し出る機会を与える

ために事前に通知しなければならず、株主総会決議は特別決議によらなければならない（会社160条2項・309条2項2号）。その他の株主にも同条件での自己株式取得を求める権利を与え、決議に特別多数を必要とすることで慎重な決定を求める趣旨である。

会社が株主の相続人その他の一般承継人からその相続その他の一般承継により取得した当該会社の株式を取得する場合、特定の株主からの取得であっても取得を決定する際にその他の株主に対する通知は不要とされる（会社162条）。相続その他の一般承継で株式を取得した株主は、とりわけ閉鎖的会社において当該会社関係から離脱したい場合がある。しかし、閉鎖的会社においては株式を譲り受ける者を探すことが困難である。一方で会社としても、会社にとって好ましくない者に株式が渡らないように、株式を回収したいニーズが存する。そこでこのような場合には、両者の利益のために、特定の株主からの取得であっても、株主間の平等よりも円滑な自己株式取得に配慮する。

子会社からの自己株式の取得の際にも、手続は緩和され、取得の決定を取締役会設置会社においては取締役会で行うことができる（会社163条）。これも特定の株主からの取得ではあるが、そもそも子会社による親会社株式取得は原則として禁止されており、取得された場合でも相当の時期に親会社株式を処分することが要求されている（会社135条1項・2項・3項）。そこで、会社法は望ましくない子会社による親会社株式保有の解消手段として、親会社による円滑な自己株式取得に配慮する。

市場からの自己株式取得の際にも、手続は緩和される（会社165条1項）。市場からの取得の場合、すべての株主に譲渡の機会が与えられ、取得対価は公正である。したがって、株主の平等への配慮は十分に図られるからである。この場合、会社が自己株式を取得することを決定する機関は原則として株主総会であるが、公開会社では定款で取締役会とすることを定めることができる（会社165条2項）。

(2) **取得された自己株式**　会社が保有する自己株式については、議決権を有しない（会社308条2項）。また共益権は停止すると解されている。会社が自身の経営に参与する権利を行使することは予定されていないからである。剰余金配当請求権、残余財産分配請求権も生じない（会社453条括弧書・504条3項括弧書）。

7　特別支配株主の株式等売渡請求

　特別支配株主とは、原則としてある会社の総株主の議決権の10分の9以上を他の会社及び当該他の会社が発行済株式の全部を有する会社が有している場合における、当該他の会社のことをいう（会社179条1項括弧書）。会社法は特別支配株主が少数株主に株式買取請求をすることができる旨を定めている（会社179条1項）。従来、ある株主が少数株主を会社関係から強制的に排除するために、種類株式である全部取得条項付株式が用いられてきた（会社108条1項7号）。しかし、これは会社による自己株式取得に際しての財源規制を受けるため、円滑に手続を進めることが困難な場合がある。そこで特別支配株主が、直接株式の売渡を請求することができることとしたのである。これにより少数株主を会社関係から強制的に排除して当該会社の株式を100パーセント取得することが容易になった。特別支配株主は、対価等の取得に関する事項を定め、それを会社に通知し承認を得なければならない（会社179条の2第1項各号・179条の3第1項）。会社は、承認後取得日の20日前までに売渡株主等に通知する（会社179条の4第1項）。取得日に売渡請求の効力が生じる（会社179条の9第1項）。

8　株式の分割・併合・無償割当て

　株式の分割とは、1個の株式を細分化することである（会社183条1項）。会社財産に変動が生じないまま株式の数が増加するため、理論的な1株あたりの財産的価値は減少する。会社法は株式分割につき特定の目的を必要とする旨を定めていないが、例えばこれを利用して、市場で流通している株式の取引価格を下げる方向に調整することが可能である。すべての株主の株式が分割比率に応じて増加することから、個々の株主の持分比率には原則として影響がない。そのため株主の利益に配慮する必要性は低く、株式分割の決定は原則として株主総会の決議、取締役会設置会社では取締役会の決議とされている（会社183条2項）。

　株式の併合とは、数個の株式をあわせてより少数の株式とすることである（会社180条1項）。会社財産に変動が生じないまま株式の数が減少する結果、理論的な1株あたりの財産的価値は増加する。会社法は株式併合につき特定の目的を必要とする旨を定めていないが、例えばこれを利用して、市場で流通している株式の取引価格を上げる方向に調整することが可能である。すべての株主

の株式が併合比率に応じて減少することから、併合の比率によっては既存の株主の持分比率に影響を及ぼしうる。例えば、100株を1株とする株式併合が行われる場合、100株未満の株式を保有している株主の持株数は併合後1株未満になってしまうため株主の地位を失ってしまう。そのため、株式併合の決定は株主総会の特別決議によることが要求されている（会社180条2項）。さらに濫用的な株式併合に対抗するため、株式の併合に関する書面の事前の備え置き、併合をやめることの請求、反対株主の株式買取請求権を定め、株式併合によって不利益を被る株主に配慮している（会社182条の2・182条の3・182条の4）。

　株式の無償割当てとは、株主に対し新たな払込みをさせることを必要としないで新株の割当てをすることである（会社185条）。例えば会社が複数の種類の株式を発行している際、普通株式を保有している株主に対して、内容の異なる種類株式を割り当てることが可能である。株式数が増加すること、会社財産に変動がないことは株式分割と同様であるが、ある種類の株式が細分化される株式分割とは異なり、別の種類の株式を割り当てることもできる。株式の無償割当ての決定は、原則として株主総会の決議、取締役会設置会社では取締役会の決議とされている（会社185条3項）。

9　単元株制度

　単元株制度とは、一定数の株式を1単元とし単元ごとに株主総会の議決権を与えるとする制度である（会社188条1項）。1株1議決権の原則の例外である（会社308条1項但書）。会社によっては、1株の財産的価値が小さい場合があり、そこで1株1議決権の原則を適用すると、株主の出資に対する管理コストが大きくなり会社にとって負担である。そこで一定数の株式を有する者のみに株主総会における議決権を付与することで、株主管理コストの削減を図ることを許すことが単元株制度の趣旨である。しかし、発行済株式総数に対して、大きすぎる単元株式数を設定すると、少数株主の会社経営への参与の機会を奪うことになる。そこで単元株式数の上限は、1000若しくは発行済株式総数の200分の1のいずれか小さい方と定められている（会社188条2項、会社規34条）。単元未満株主は株主総会における議決権と、議決権を前提とする権利を有しないが、原則としてそれ以外の株主としての権利は有している（会社189条1項）。

しかし、それでは会社の株主管理コストの削減に十分でない場合、定款でさらに単元未満株主の権利を制限することができる（会社189条2項柱書、会社規35条）。ただし、株主の経済的利益を享受する権利まで奪うことはできないとして、会社と株主の利害の調整を図っている（会社189条2項各号）。

単元未満株式は議決権がないため、その処分が単元株に比べて困難となる。そこで会社法は、単元未満株式の買取請求権を認める（会社192条1項）。これにより、株主は保有する単元未満株式を会社に買い取ることを請求することができ、株主の投下資本回収をより容易にする。また、株主が会社に対して、それを加えると単元未満株式が単元株式になる数だけ株式の売渡しを請求できると定款で定めうる（会社194条1項）。例えば単元株式数が100である場合、株主の保有する単元未満株式が60株であったとすると、40株の売渡しを請求することができる。これは、株主の便宜を図るための請求権であるから、会社が定款で定めたときにのみ認められる。

4　機　　　関

1　株式会社の運営構造

(1) 総　説—機関の意義と分化　　株式会社（以下、「会社」という）は、法人である（会社3条）。会社は、その利益（会社の実質的な共同所有者である株主の利益ともいえる）の最大化を図ること（営利活動）を主たる目的とする事業活動を行う社団法人である。このような事業に関する意思決定を、会社それ自体が、実行に移すことはできない。なぜなら、会社は、法によって法人格が与えられた「観念的存在」にすぎないからである。そこで、会社に代わり、会社の利益を追求するための事業に関する経営を判断する一定の自然人、及びその自然人を構成員とする会議体が必要になるのである。このように、会社組織上、業務執行に関する意思決定に参画し、又は経営に関する決議事項を執行し、若しくは会社の経営状況を監視監督できる一定の地位及び権限を有する自然人ないし自然人の集団を会社の機関という。

会社は、その共同所有者である出資者（以下、「株主」という）の出資金によって設立された団体である。特に、後述する取締役会を設置しなければなら

ない公開会社の場合には、多数の株主が存在することを想定するから、会社経営の合理化を図るべく、株主が会社の経営をその専門家たる経営者に委ねることにより、「**所有と経営の分離**」を図っているのが一般的である。

さらに会社は、その機関として、株主総会、取締役会、代表取締役又は代表執行役、会計参与、監査役（会）などを置くことによって会社の究極の目的である営利活動を合理的にかつ適正に追求しようとしており、会社法もこのような会社ニーズに合わせた多様な機関設計のパータンを提供している。

(2) **本節の構成上の留意点**　会社法は、会社の機関については、会社の規模に従い、機関設計の柔軟化を図ることを基本理念としている。すなわち、会社の資産が小規模でかつ発行するすべての株式の譲渡を定款の定めをもって制限する閉鎖的な会社（以下、「非公開会社」という）の場合は、株主総会、取締役のみをもって会社の機関を構成すること（以下、「取締役会非設置会社」という）を認める一方、自由に譲渡できる株式を発行する公開的な会社〔以下、「公開会社」という（会社2条5号）〕である場合は、①株主総会、②取締役会、③監査役をワンセットで設置することを義務付けている（以下、「取締役会設置会社」（会社2条7号）という）。ただし、非公開会社が任意で取締役会を設置する場合には、会計参与を設置することによって、監査役は設置しないですむ（会社326条2項・327条2項）。

本節では、多くの会社の機関設計構造の原型となっている単純な取締役会設置会社（以下、「典型的取締役会設置会社」という）を中心に記述する（図表4-2参照）。

公開会社のうち、その資産の規模が大きい大規模公開会社〔以下、「公開大会社」という（なお大会社については（会社2条6号））〕においては、①典型的取締役会設置会社における監査部門をより一層強化した形の機関設計構造を採る監査役会設置会社か（図表4-3参照）、又は②過半数の社外取締役を取り込んだ監査等委員である取締役を構成員とする監査等委員会を設置することによって、「経営の透明性や経営判断の迅速性」を図る機関設計構造を提供するために、平成26年改正会社法により導入された監査等委員会設置会社か（図表4-4参照）、若しくは③社外取締役、執行役を導入することによって、「**業務執行と監督の分離**」とを図る機関設計構造を採用する指名委員会等設置会社（図表4-5）のいずれかを選択するように義務付けている。

図表4-2　典型的取締役会設置会社の機関構造

```
        ┌─────────────────────┐
        │   株主総会          │
        │ 基本的事項の意思決定 │
        └─────────────────────┘
監査役
        ┌─────────────────────┐
        │   取締役会          │
会計・業務監査│ 業務執行に係る意思決定 │
        ├─────────────────────┤
        │   代表取締役        │
        │ 業務の執行と会社代表 │
        └─────────────────────┘
```

図表4-3　監査役会設置会社の機関構造

```
        ┌─────────────────────┐
        │   株主総会          │
        │ 基本的事項の意思決定 │
        └─────────────────────┘
監査役会
        ┌─────────────────────┐
        │   取締役会          │
会計・業務監査│ 業務執行に係る意思決定 │
        ├─────────────────────┤
        │   代表取締役        │
        │ 業務の執行と会社代表 │
        └─────────────────────┘
```

図表4-4　監査等委員会設置会社の機関構造（経営監督機能強化）

```
              株主総会
  ┌──────────────────┐   ┌────────┐
  │ 監査等委員会      │   │ 取締役会│
  │ 3人以上取締役     │   ├────────┤
  │ その過半数は社外取締役│   │  監視  │
  ├──────────────────┤   ├────────┤
  │取締役等の職務執行の監査│   │代表取締役│
  │  監査報告の作成    │   └────────┘
  └──────────────────┘
 会計監査人
```

図表4-5　指名委員会等設置会社の機関構造（経営監督機能強化）

```
              株主総会
会計監査人  ┌─────────────────────────┐
           │        取締役会          │
           │ 指名委員会 報酬委員会 監査委員会│
           ├─────────────────────────┤
           │         監視             │
           ├─────────────────────────┤
           │       代表執行役         │
           └─────────────────────────┘
```

　指名委員会等設置会社（会社2条12号）では、取締役会設置会社における代表取締役の業務執行権限は、取締役会で会社経営を担う役員として選任された（代表）執行役に移譲されており、代表取締役は存在しない。指名委員会等設置会社では、取締役会の傘下にその構成員の過半数を社外取締役（会社2条15号）とする指名委員会、報酬委員会、監査委員会を設置することで「業務執行と監督の分離」とを図り、**企業経営の健全性**を確保しようとしている。このような会社における取締役会には、（代表）執行役の経営執行を監視・監督する**「経営監督機関」**としての役割が期待されている。しかし、上場会社のうち、社外取締役を構成員の過半数とする3つの委員会を設置することへの負担感から、指名委員会等設置会社を設置する会社が少ないといわれている。その対応策として新たに導入された監査等委員会設置会社は、執行役を置かず、構成員の過半数を社外取締役とする監査等委員会における監査等委員である取締役が会社の経営を兼務することもできるので、監査役会設置会社から監査等委員会設置会社に移行する会社が増えているようである。

(3) **会社の運営構造（経営への意思決定過程とその監督システム）**　前述のように、公開会社における株主は、会社の共同所有者であるが、会社経営に関する専門知識を有するとは限らず、会社を自ら経営するよりも、経営専門家たる取締役や執行役に委ねる方が、自らの利益を追求するうえで、より**合理的**であると考える。

そのため、株主は、自己の財産権に直接的に影響する基本的事項（例えば、会社の基礎変更、計算書類の承認や剰余金の配当、組織再編行為等）については、株主総会に直接又は間接に参加して意思を決定するが、それ以外の会社経営の一般に関する事柄については、自らが総会で選任する取締役に委任するのが一般的である。取締役会設置会社においては、株主総会で選任された3人以上の取締役が取締役会を構成し、その中から1人以上の代表取締役を選定する。代表取締役は、株主総会で決定すべき基本的事項以外の重要な経営事項については取締役会の審議を経て取締役の多数決で意思を決定しその決議に基づいて業務を執行する必要があるが、重要事項以外の日常的な業務については**経営判断の迅速な対応**のために代表取締役自らがその権限の範囲内で決定するのが合理的である。なお指名委員会等設置会社の場合は、会社経営を担うのは（代表）執行役である。

2　株主総会

(1) **意　義**　取締役会非設置会社においては、株主総会は、法律で定める事項に限らず、すべての事項について決定できる。このような意味において、取締役会非設置会社における株主総会は、会社における「**万能の機関**」と呼ばれる（会社295条1項）。これに対して、取締役会設置会社における株主総会は、会社法又は定款の定める基本的事項に限って意思を決定できるので（会社295条2項）、会社における万能の機関ではなく、会社における「**最高の意思決定機関**」として位置づけられている。

(2) **権　限**　会社法上、株主総会の権限は、その会社が、取締役会設置会社か否かによって異なる。会社における万能の機関としての法的性質を有する取締役会非設置会社における株主総会と異なり、取締役会設置会社における株主総会の権限は、会社法又は定款の定める事項に限られる（会社295条2項）。

これは、株主総会の権限を縮小し、会社経営に係る多くの権限を経営者集団である取締役会へ委譲するのが、会社の利益を追求するという経営合理化の観点からしても、株主の利益に符合するものと一般に考えられるからであろう。

　会社法上、株主が、総会に参加して自ら決定すべき基本的事項としては、出資者である株主の財産権を尊重する見地から、①株主に代わって会社を経営する者（取締役）を選任し（会社329条1項）、又は解任できる事項（会社339条1項）、②株主に代わって経営者の経営を監視・監督する者（監査役）を選任し（会社329条1項）、又は解任できる事項（会社339条1項）、③会社の基礎的変更に関する事項〔定款変更（会社466条）、事業譲渡（会社467条1項）、合併（会社783条1項・795条1項・804条1項）のような組織再編行為〕、④計算書類等の承認（会社438条2項）のように会社の財産の状況に係る重要な事項、剰余金配当（会社454条1項）のように株主の財産増殖に係る事項、⑤取締役の報酬等（会社361条1項）のように経営者自身に一任させると報酬のお手盛り策定により会社の利益が害されるおそれがある事項などが挙げられる。

　このような専決事項以外に、定款の定めをもって株主総会の決議事項とすることも可能である（会社295条2項）。もっとも、株主総会の専決事項の拡大のためには、定款変更の手続を経る必要があることや何よりも株主は自らの利益を優先的に考慮するという資本的属性に鑑みれば、法解釈上可能ではあっても、株主が会社の利益を優先するための経営効率性を犠牲にするまで総会の決議事項をむやみに拡大することにはならないと考えられる。

（i）　株主総会の招集　　株主総会は、毎事業年度の終了後に一定の時期に招集する必要がある定時株主総会（会社296条1項）と、必要がある場合にはいつでも招集することができる臨時株主総会とがある（会社296条2項）。

（ii）　招集決定と通知　　会社が、株主総会を開催するためには、総会招集に関する事項を決定し（会社298条4項）、その内容を株主に通知する必要がある（会社299条1項）。

　取締役会設置会社においては、株主総会の招集決定につき、会社法297条4項により株主が招集する場合を除き、代表取締役が業務の一環として執行する形を採るのが一般的である。

　上場会社以外の会社における株主の数が1,000人以上である場合は、原則と

して書面投票制度を採用する旨を定めなければならない（会社298条2項・同条但書）。これは、株主総会における定足数を確保するとともに、株主総会に出席しない株主の意思を会社経営に確実に反映させることにより、総会の活性化を図る必要があるからである。

　代表取締役は、議決権を行使できる株主に対し、株主総会への出席の機会とその準備の期間を与えるべく、総会の日の2週間前までに会社法298条1項各号の定める事項を記載した書面をもって総会招集の通知を発しなければならない（会社299条4項）。

　取締役会非設置会社においては、取締役〔取締役が2人以上ある場合には、定款に別段の定めがある場合を除き、取締役の過半数で決定する（会社348条2項）〕が、株主総会の招集に関する事項（日時、場所、議題等）を決定し（会社296条3項・298条1項）、その内容を1週間前までに通知する必要があるが、例外的に定款に1週間を下回る期間の定めがあるときは、その期間前までに総会の招集の通知を発すればよいと解される（会社299条1項括弧書参照）。

　(3)　**招集手続の瑕疵**　会社法が、会社に対し、株主総会に関する招集手続を厳格に求める趣旨は、会社が、株主に対し、株主総会に関する決定事項を知らせることにより、株主に総会への出席の機会と議決に参加するための準備期間を与えることにある。これにより、会社の経営に対する株主の意思を確実に反映させることが可能となり、株主総会の活性化を図るとともに、会社経営の透明性及び健全性を確保することができると考えられるからである。この意味において、株主総会に関する招集手続を欠くことは取消事由になり、後述する総会決議の取消しの訴えの対象となる（会社831条1項1号）。

　(4)　**代理人の出席を含む全員出席総会における決議の効力**　前記(3)のような株主総会に関する招集手続を欠く場合ではあるが、会社の株主が現実に全員出席した総会（これを「**全員出席総会**」という）における決議の効力については、どのように解すべきかが問題となる。この点につき、判例（最判昭60・12・20民集39・8・1869〔会社百選30〕）は、全員出席総会（株主の委任状に基づく代理出席を含む）において決議がなされたときには「右株主が会議の目的たる事項を予知して委任状を作成したものであり、かつ当該決議が右会議の目的たる事項の範囲内のものであ」れば、決議は有効であると解している。

(5) **少数株主による株主総会の招集**　会社の総株主の議決権の100分の3以上の議決権を6ヵ月前から引き続き有する株主（非公開会社の場合は、株式の保有期間に関する要件はない）は、取締役に対し、株主総会の目的である事項及び招集の理由を示して、総会の招集を請求することができる（会社297条1項）。このような少数株主による適法な株主総会招集の請求があったにもかかわらず、招集手続が行われない場合には、その請求をした株主は、裁判所の許可を得て、総会を招集することができる（会社297条4項）。少数株主による株主総会招集の適法な請求の場合として、①株主が株主総会の招集の請求をした後遅滞なく招集の手続が行われない場合（会社297条4項1号）、②株主による株主総会の招集の請求があった日から8週間（これを下回る期間を定款で定めた場合にあっては、その期間）以内の日を株主総会の日とする株主総会の招集の通知が発せられない場合が挙げられる（会社297条4項2号）。少数株主による株主総会の招集は、多数派株主及びその側近経営者が自己又は第三者の利益を追求する権限濫用行為や専断的業務執行行為から、**少数派株主の利益**を保護するための制度である。

(6) **議事進行**

(i) **議事の方法**　会社法上、議事の方法に関する明文規定を置いていないので、議事の進行は、会社の定款の定め又は慣習によると解されている。

(ii) **議長**　株主総会の議長は、会社の定款の定めにより、代表取締役が議長となり議事を進行する場合が一般的である。定款の定めがない場合には、総会で議長を選出する必要がある。会社法上、議長の権限は、総会の秩序を維持し、議事を整理することであり（会社315条1項）、総会の秩序を乱す者を退場させることもできる（同条2項）。

(iii) **取締役等の説明義務**　株主総会において、株主から、総会の議題に関する特定の事項について質問があった場合には、総会に出席した取締役、会計参与、監査役、執行役は、当該質問事項が総会の議題に関する事項でない場合やその説明をすることにより株主の共同の利益を害するおそれがある場合を除いては、必要な説明をなすべき義務を負うと解される（会社314条本文）。これは、株主に対し、株主総会の議題に関する質疑応答の機会を保障することにより、総会の活性化を図る必要があるからであろう。

(7) **議決権行使**

(i) **1株1議決権の原則**　株主総会において、株主は、会社法の定める単元未満株式（会社189条1項）、議決権制限株式（会社108条1項3号）、相互保有株式（会社308条1項本文括弧書、会社規67条）などのような例外的な場合を除き、その有する株式の1株につき1個の議決権を有する（会社308条1項本文）。これを「1株1議決権の原則」という。単元株式制度を採用する会社においては、1単元について1議決権が与えられる。

(ii) **議決権の行使方法**　株主が議決権を行使するためには、自らが、招集通知に従って株主総会に参加し、総会議案に対する賛否の意思を表示するのが原則である。しかし、個々の株主は、個人的事情又は物理的な制約等の事由により、株主総会に参加できない場合が想定されよう。このような場合、議決権の行使における原則的な考えを貫くと、株主の固有の権利が侵害されかねない。株主の有する議決権が社員の固有権であることに鑑みれば、それをできるだけ行使できるよう、法制度上において保障するべきであろう。

そこで、会社法は、書面投票制度（会社298条1項3号）、代理投票制度（会社310条1項前段）、電子投票制度（会社298条1項4号）を導入し、株主の議決権の行使を保障している。

(iii) **株主の代理人による議決権行使**　株主総会において、株主が代理人による議決権を行使するためには、当該株主又は代理人は、総会ごとに（会社310条2項）その代理権を証する書面（委任状）を会社に提出しなければならない（会社310条1項後段）。このように委任状を株主総会ごとに提出するように求める趣旨は、経営支配権の争いが生じた際において、現経営陣等が、株主に対し、委任状を勧誘することによって会社を支配する手段として濫用するおそれがあるからである。

(8) **株主総会の決議**

(i) **概観**　会社法上、株主総会の決議には、資本多数決の原則が適用される。株主総会の決議の種類として、①**普通決議**、②**特別決議**、③**特殊決議**が存在するが、これらの決議の具体的な要件や定足数は、その決議の対象となる議題・議案の内容により異なる。特に株主総会の議題・議案ごとの要件が法令や定款に定められていない場合には、原則として普通決議をもって決すること

としている。

(ⅱ) 決議の種類

(a) 普通決議　議決権を行使することができる株主の議決権の過半数を有する株主が出席し（定足数）、出席した当該株主の議決権の過半数（決議要件）をもって決議する方法を普通決議という（会社309条1項）。

会社役員の選任（会社329条1項）・解任（会社339条1項）、取締役・監査役の報酬等の決定（会社361条1項・387条1項）、計算書類の承認（会社438条1項・2項）に関する決議は、普通決議の対象である。普通決議の定足数は、定款の定めにより加減・排除することが可能であり、多くの会社においては、実務上、定款の定めをもって定足数の要件を排除し、出席した株主の議決権の過半数で決議することとしている。

(b) 特別決議　議決権を行使することができる株主の議決権の過半数を有する株主が出席し、出席した当該株主の議決権の3分の2以上に当たる多数をもって決議する方法を特別決議という（会社309条2項柱書前段）。前記のように、特別決議の要件である3分の2という基準は定款で引き上げることが認められるうえ、一定数以上の株主の賛成を要する旨など、その他の要件を定款で定めることも可能である（会社309条2項後段）。

例えば、定款の変更（会社466条）や会社の組織に重大な改変をもたらす事業譲渡（会社467条）、合併（会社783条1項・795条1項・804条1項）等のような組織再編行為などは、株主の利益にとって重大な事項であるので、株主の利益を保護するため、特別決議が求められている。特別決議の必要な事項については、会社法309条2項各号に列挙されている。

(c) 特殊の決議　会社法は、前記(a)(b)の普通決議・特別決議のほか、株主の利益に極めて重大な影響を与えうる次のような事項については、特別決議よりもさらに厳重な要件が求められる特殊の決議を設けている。

このような特殊の決議の方法としては、2種類がある。すなわち、その株主総会において、①議決権を行使することができる株主の半数（頭数）以上であって、その株主の議決権の3分の2以上に当たる多数をもって行う決議〔（会社309条3項）例えば株式譲渡制限会社への定款の変更を行う場合〕のほか、②非公開会社における会社法109条2項の定める「**属人的定め**」（株主の個性に着目し

た定款の定めをいう）を行う場合には、総株主の半数以上であって、総株主の議決権の4分の3以上に当たる多数をもって行う決議がある（会社309条4項）。

(9) **決議の瑕疵を争う訴え**

(i) 概観　前述のように、会社の代表取締役は、株主にとって基本的事項に関する業務を執行するためには、株主総会を招集し、その議題・議案に関する決議の種類ごとの賛成多数を得る必要がある。しかし、株主総会の招集に係る手続又は決議の内容に瑕疵がある場合には、その決議は違法な決議であって、当該決議の効力をどのように解すべきかが問題となる。

株主総会の**招集手続**又は**決議の内容**に**瑕疵**がある場合、株主は、自己の利益を保護する観点からすれば、違法な決議の効力をそのまま容認することが困難な場合もあるだろう。もっとも、会社の代表取締役は、総会の議題・議案に関する決議が成立したことを前提に、対外的にその決議に基づいて業務を執行するため、会社の不特定多数の取引関係者との間に多くの法律行為が積み重ねられていくことになる。このことから、事後的に株主総会の決議に瑕疵があるとはいえ、それを理由に一般原則によって一律無効とすることは、企業取引上の法的安全性を著しく害することになるので妥当ではないと考えられる。**企業取引の安定化**を図るべく、株主総会の決議に係る法律関係を画一的に確定し、瑕疵の主張方法は必ず訴えによることが望ましい。

(ii) 株主総会の決議の訴えの種類と法的効力　会社法は、株主総会の決議をめぐる利害関係者の利益を調整し、法律関係の安定化を図るべく、総会決議の瑕疵を争う場合として、①**総会決議の取消しの訴え**（会社831条）、②**決議不存在確認の訴え**（会社830条1項）及び**決議無効確認の訴え**（会社830条2項）を設け、①ないし③に関する確定判決の効力は、訴訟当事者以外の第三者に対しても及び、対世的効力を生ずる〔これを「**対世効**」という（会社838条）〕と解する。特に総会決議取消しの訴えについては、提訴権者（原告適格：株主、取締役、監査役等）と提訴期間（決議の日から3ヵ月以内）とを定めることにより瑕疵の主張をできるだけ制限している。

なお株主総会決議の取消しの訴えが確定的に認容された場合には、当該決議は初めに遡って無効になる（これを「**遡及効**」という）と解する（通説）。また決議不存在・無効確認の訴えにおいても、原告勝訴の判決が確定した場合には、

コラム4-4　株主総会決議の取消しの訴えの対象

　株主総会決議の取消しの訴えにおける取消事由には、総会決議に係る手続又は決議の内容における瑕疵が相対的に軽度な場合が想定される。そこで、会社法は、株主総会決議の取消しの訴えの対象として、次のような瑕疵内容（取消原因）を定めている（会社831条1項1号ないし3号）。

　第1に、株主総会の「招集手続」が法令（若しくは定款）に違反する場合（❶）又は「決議方法」が法令（若しくは定款）に違反する場合（❷）、若しくは「招集手続」又は「決議方法」が著しく不公正なとき（❸）である（会社831条1項1号）。例えば、一部の株主に株主総会招集通知漏れがあったにもかかわらず、代表取締役が総会を開催し、一定の議題・議案に関する決議が成立した場合（❶）、又は株主の特定の質問に対する取締役（指名委員会等設置会社においては執行役・取締役）の説明義務違反があったにもかかわらず決議がなされた場合（❷）、株主が出席困難な時間や場所に総会を開催し決議がなされた場合（❸）等がその例として取り上げられる。第2に、「株主総会の決議の内容が定款に違反するとき」である。これには、会社の定款所定の取締役の員数を超える選任決議がなされた場合が挙げられる。第3に、「株主総会の決議について特別の利害関係を有する者が議決権を行使したことによって、著しく不当な決議がされたとき」である。株主総会の議題として、取締役の責任免除が上程され、その決議の対象者である取締役が自ら株主として議決権を行使することにより、当該決議を成立させた場合がこれに該当する。

遡及効も認められる（決議が初めから無効・不存在であったことになる）。これに対し、原告敗訴の場合は、対世的効力は生じないわけであるから、他の者は改めて訴えを提起することができる。

⑽　**決議無効確認の訴え**　会社法は、「株主総会の決議の内容が法令に違反することを理由として、決議が無効であることの確認を、訴えをもって請求することができる」と定めている（会社830条2項）。「株主総会の決議の内容が法令に違反する」例として、株主に対する剰余金の違法配当が挙げられる。剰余金の配当は、会社の「分配可能額」の範囲内で行う必要がある（会社461条）。このような法規に違反する剰余金配当の決議がなされた場合、だれでも、いつでも、その決議が無効であることの確認を、会社に対し（会社834条16号）、訴

えをもって請求することができると解する。**決議無効確認の訴え**において、原告勝訴の判決が確定した場合は、訴訟当事者以外の第三者にも及ぶとされている（会社838条）。

(11) **決議不存在の確認の訴え**　会社法は、「株主総会の決議が存在しないことの確認を、訴えをもって請求することができる」と定めている（会社830条1項）。しかし、**決議不存在の確認の訴え**の場合については、株主総会決議の取消しの訴えや決議無効確認の訴えの場合と異なり、不存在の具体的な事由について定めていない。この点につき、判例法上では、株主総会の決議があったとは認められないような場合や総会招集の手続の瑕疵が著しいため総会決議が存在しないと法律上評価されるような場合などが決議不存在の具体的な事由として解されている。

3　取締役会設置会社
(1)　経営監督及び業務執行機関

(i)　**取締役の選任・解任**　会社の取締役は、株主総会の普通決議によって選任される（会社329条1項）。しかし、会社は、理由を問わず、いつでも、任期中の取締役を株主総会の普通決議によって解任することもできる（会社339条1項）。なお、監査等委員会設置会社における取締役の選解任については、監査等委員である取締役の**職務**の**特殊性**及びその**地位の独立性**を確保する趣旨から、特別規定を設けている。すなわち、監査等委員である取締役とそれ以外の取締役とを区別して株主総会の普通決議によって選任しなければならず（会社329条2項）、監査等委員である取締役を解任する場合は、株主総会の特別決議によって行う必要がある（会社309条2項7号）。なお、指名委員会等設置会社における執行役の選解任は、取締役会の普通決議による（会社402条2項・403条1項）。

(ii)　**取締役の任期**　取締役の任期は、原則として、「選任後2年以内に終了する事業年度のうち最終のものに関する定時株主総会の終結の時までとする」とされる（会社332条1項）。ただし、会社は「定款又は株主総会の決議によって」、その任期を短縮することができると解される（同条同項但書）。これは、取締役に対する株主の信認を問うための措置である。

> **コラム4-5　取締役会の決議の瑕疵とその効力**
>
> 　取締役会を招集する者は、取締役会の開催日の1週間前（定款の定めで短縮可能）までに、各取締役（監査役設置会社においては、各取締役及び各監査役）に対して、招集通知をする必要がある（会社368条1項）。取締役会の招集通知の方法について、法文上具体的に定められていないから、口頭によることも可能であると解される。株主総会のように書面通知による必要がなく、議題の通知も不要である一方で、全員出席株主総会の場合と同様に取締役全員の同意があるときは招集手続を省略することも可能であると解される（会社368条2項）。
>
> 　このような取締役会の招集において、その手続上の瑕疵又は決議内容上の瑕疵がある場合（招集通知の漏れ等）には、取締役会決議の効力は、株主総会の場合と異なり、一般原則によって無効となる。無効な取締役会の決議に従って招集された株主総会の決議も、招集手続に瑕疵があるものとして株主総会決議の取消しの訴えの原因になると解される（会社831条1項）。

　取締役の任期には、特例事項がある。すなわち監査等委員会設置会社及び指名委員会等設置会社の取締役の任期は、選任後1年以内である〔会社332条3項・6項、ただし監査等委員会設置会社の監査等委員である取締役は2年である（同条3項・4項）〕。指名委員会等設置会社の執行役の任期は、原則として取締役と同様に1年であるが（会社402条7項）、会社は「定款によって」、その任期を短縮することもできると解される（同条同項但書）。

　なお、監査等委員会設置会社および指名委員会等設置会社を除く非公開会社においては、「定款によって」、取締役の任期を選任後10年以内に終了する事業年度のうち最終のものに関する定時株主総会の終結の時まで伸長することを認めている（会社332条2項）。

　(iii)　取締役会　　取締役会は、会社の業務の執行（＝経営）に関する意思決定機関であり、（代表）取締役の職務の執行を監視・監督する経営監督機関でもある。代表取締役・選定業務執行取締役は、最低でも3ヵ月に1回以上は、自己の職務の状況を取締役会に報告する必要があるから、それによって取締役会を開催する必要がある（会社363条2項）。取締役会の構成員たる各取締役は、取締役会を招集する権限を有するが、定款又は取締役会規則をもって取締

役会の招集権者を定めるのが一般的である（会社366条1項）。実務上、多くの会社では、「定款によって」、代表取締役社長を取締役会の招集権者とすることが慣例である。このように、定款によって、招集権者を定めた場合であっても、各取締役は招集権者に対し取締役会の目的事項を示して取締役会の招集を求めることができ、請求後5日以内に、その請求日から2週間以内の日を取締役会の開催日とする招集通知が発せられない場合には、自ら取締役会を招集することができるとされる（会社366条2項・3項）。

(iv) 代表取締役

(a) 権限　会社における代表取締役は、会社法上、どのような地位と権限を有する者であろうか。取締役会非設置会社においては、定款により代表者を定めていない場合は、原則として取締役が代表取締役になる〔これを「各自代表制」という（会社349条1項）〕。これに対し、取締役会設置会社では、必ず取締役会の決議により取締役の中から代表取締役を選定する必要がある（会社362条2項3号）。このような代表取締役には、会社の業務に関する**包括的な権限**（一切の裁判上または裁判外の行為をする権限をいう）が与えられている（会社349条4項）。包括的な権限を有する代表取締役は、その代表権に基づく業務の執行〔法律行為（＝各種の契約）〕を常時に行い、その行為の効果は会社に帰属する。

(b) 代表権の制限　会社にとって重要な経営事項に関する決定を代表取締役に一任することは可能だろうか。前記(iv)(a)のように代表取締役は、包括的な権限を有する者であるが、その権限は、会社の利益のために行使する必要がある。しかし、代表取締役の権限は、強大でかつ広い範囲に及ぶから、会社の利益を犠牲にして自己又は第三者の利益を図るおそれがある。そこで、会社法は、代表取締役の専横を防止するという観点から、次のような法律行為に該当する場合は、その権限を制限している。

第1に、法令の定めをもって代表取締役の権限を制限している（これを「法令による制限」という）。すなわち会社法は、会社の事業の全部又は重要な一部を譲渡する場合や会社の組織再編（合併、分割、株式交換・株式移転による親子会社の創設等）を行う場合には株主総会の承認を求めており（会社309条2項11号・12号）、また取締役会の専決事項（会社362条4項各号）以外の会社の重要な業務執行に係る事項（同項柱書）についても、取締役会で慎重に協議のうえ決定し

> **コラム4-6** 代表権の権限濫用行為と取引効力の可否
>
> 　客観的にみれば、代表取締役の権限内の行為に属するが、代表取締役が、自己又は第三者の利益を図る主観的な意思をもってする行為を「代表取締役の権限濫用行為」という。このような代表権の権限濫用行為を防止するという観点から、会社の定款では、一定額以上の取引については取締役会の承認によるべき旨を定めるのが一般的である。このように、会社が、定款の定めをもって、代表取締役の代表権を制限したにもかかわらず、代表取締役が取締役会の承認なしで単独で一定額以上の取引を行った場合における対外的取引の効力をいかに解すべきかが問題となる。この点につき、判例（最一小判昭38・9・5民集17・8・909）は、民法93条但書の規定を類推し、「相手方が代表取締役の真意を知り又は知り得べきものであったときは、……右の法律行為はその効力を生じないものと解するのが相当である」と判示しており、学説も、一般に取引の相手方に悪意又は重過失がなければ、会社は代表者の権限濫用を主張できないと解している。したがって、会社は、定款の定めに基づく代表取締役の権限に対する制限をもってそれを知らない取引の相手方（これを「善意の第三者」という）に対しては、対抗することができないが（会社349条5項）、取引の相手方が代表権に加えた権限外の取引であることを知っていた場合（悪意）は、会社はこの制限を主張できると解する。取引の第三者の悪意を立証する責任は、会社が負う。なお指名委員会等設置会社における代表執行役の代表権の範囲等については、会社の代表取締役に関する規定が準用されている（会社420条3項）。

その決議内容を執行するよう代表取締役の権限を制限している。

　第2に、会社自らが、会社の利益を保護するべく、自治的に代表取締役の権限を制限する場合である（これを「自治的な制限」という）。法令による制限に加え、会社自らが、実務上、代表取締役の代表権について、定款の定め、株主総会の決議又は取締役会規則等をもってその権限の範囲を自主的に制限する場合が多い。

　ただし、会社は、かかる制限をもって**善意の第三者**に対抗することはできない（会社349条5項）。

　(v) 表見代表取締役　　実際の企業社会においては、慣行上、例えば代表取締役でない取締役が取締役社長、副社長等のような名称を用いる場合が多くみ

られる。このような場合には、会社を代表する取締役であるとは限らない。

　しかし、会社の取引の相手方からすれば、取締役社長、副社長等のような名称は、会社の代表権を有する者であると誤認するおそれがある。企業取引の安全性を重視すれば、このような会社代表者とおぼしき名称を付した取締役（以下、「表見代表取締役」という）の外観を信頼した取引の相手方を保護する必要がある。そこで会社法は、会社を代表する外観を信頼した**善意の第三者**を保護するべく、**表見代表取締役**に関する規定を設けている（会社354条）。

　では、会社は、どのような場合において、表見代表取締役と取引の相手方との間で行った行為に対して責任を負うのだろうか。この点につき、法解釈上、①「社長、副社長その他会社を代表する権限を有するものと認められる名称を付した」代表取締役でない取締役の行為が存在し（外観の存在）、②会社が、このような名称の使用について、明示又は黙示的に認めていたという事情があり（会社の帰責性）、③このような名称を用いる取締役に対し、取引の相手方が会社の代表権を有する者と信頼しその代表権の欠如を知らなかった（相手方の善意）、という3つの主観的要件を満たさなければならない。

(2) **監査機関**

（i）　総　説　　会社は、会社経営に対する委任者である株主に代わり、受任者である取締役によって運営される。後述のように、取締役はその任務である業務又は職務の執行を会社の利益のために誠実に遂行し、事業活動によって得られた利益を出資者である株主に適正に分配する必要がある。会社又は株主若しくは債権者の利益を保護するべく、会社の取締役によるこのような一連の職務行為において問題はないのか、すなわち取締役がその職務の執行を適正かつ適法に遂行しているのかどうかをモニタリングし、チェックする必要がある。このような任務を遂行する者を監査機関という。

（ii）　本款の説明における留意事項　　2014（平成26）年改正会社法によって導入された会計参与〔取締役及び監査役と同様に、会社法上の「役員」である（会社329条1項）〕とは、取締役と共同して、計算書類等を作成する者である（会社374条1項・6項）。

　会計参与は、すべての会社において任意に設置できるが（会社326条2項）、特に監査等委員会設置会社又は指名委員会等設置会社を除く取締役会設置会社

が非公開会社であって会計参与を設置する場合は、監査役を置かなくてすむ（会社327条2項）。

　会計参与の選任、解任及び任期については、取締役と同様の規制に服する〔（会社329条・339・341条・334条1項・332条）ただし、累積投票に関する342条を除く〕。また会計参与は、取締役と共同して、計算書類及びその附属明細書、臨時計算書類並びに連結計算書類を作成するが（会社374条1項前段・6項）、計算書類の作成における権利行使、並びに会計参与の報酬等及び費用の前払請求等については、基本的に、監査役と同じ規制に服する（会社379条・380条）。

　このように、会社法上、計算書類を作成する会計参与やその他の監査機関の権限においては、監査役の監査権限に関する条文の内容に類似するため、以下では、監査役の権限を中心に記述し、会計参与やその他の監査機関の権限に関しては関連条文を挙げるにとどめる。なお、監査等委員会設置会社における監査等委員会は、株主総会で選任された監査等委員となる取締役全員によって組織される。しかし、その権限を取締役会の権限とすることはできない。監査等委員会の業務監査の権限は、指名委員会等設置会における監査委員会と同様に、**適法性監査**だけでなく、いわゆる**妥当性監査**の権限をも有することに留意する必要がある。

　(ⅲ)　監査役　監査役は、会社のその他の役員と同様に、株主総会の普通決議によって選任されるが（会社329条1項。347条2項・329条3項も参照）、その解任については、監査役の独立性を確保するため、取締役とは異なり、株主総会の特別決議による（会社309条2項7号・343条4項。347条2項も参照）。なお終任事由については、取締役と同様である（会社330条、民651条・653条）。

　監査役とは、取締役（会計参与設置会社においては会計参与を含む）の職務の執行を監査する機関であり（会社381条1項）、監査等委員会設置会社及び指名委員会等設置会社を除く公開会社である取締役会設置会社の場合には、会社の常置機関であるとされる（会社327条2項）。前述のように、会社法上、取締役も取締役会の構成員として、取締役等の経営を監視・監督する権限（これを「経営監督権」という）を有するが、監査役は、それとは別個独立の立場から、取締役の職務の執行を監査する機能を有しており、会計及び業務に関する監査権限を有する。

このように、会社法において、会社の経営に対する二重のチェックによる監視監督の仕組みを設けた理由は、**会社経営の合理化**を図るために、株主総会の権限が縮小し（会社295条2項）、総会の多くの権限が取締役会に移譲されたので（会社362条4項各号）、経営に関する決定権を有する**取締役の権限濫用行為**を防止する必要性が生じたからである。ただし、監査役会設置会社及び会計監査人設置会社を除く非公開会社では、その監査役の監査の範囲を会計に関するものに限定する旨を定款で定めることも可能である（会社389条1項）。

　監査役の資格については、取締役と同様の欠格事由等が定められており（会社335条1項）、さらに監査役は、会社若しくはその子会社の取締役若しくは支配人その他の使用人又は子会社の会計参与若しくは執行役を兼ねることができないとされている（会社335条2項、なお会計参与につき、会社330条3項参照）。監査役は、取締役の職務執行を監査する者であるから、その**地位の独立性**を確保する必要があるからである。

(ⅳ)　監査役の権限

　(a)　公開会社　　監査役は、法務省令で定めるところにより、監査報告を作成する必要があり（会社381条1項後段、会社規105条）、次のように監査役には監査報告書を作成するために必要とする具体的な権限が与えられている。

　　(a-1)　調査権限

　①　事業報告請求権・業務財産調査権　　監査役は、いつでも、取締役及び会計参与並びに支配人その他の使用人に対して事業の報告を求め、又は監査役設置会社の業務及び財産の状況を調査することができる〔(会社381条2項）監査等委員会設置会社における監査等委員会が選定する監査等委員による場合（同399条の3第1項参照)、指名委員会等設置会社における監査委員会が選定する監査委員による場合（同405条1項参照）〕。また、監査役は、その職務を行うため必要があるときは、会計監査人に対して会計監査に関する報告を求めることができる（同397条2項）。

　②　子会社に対する事業報告請求権・業務財産調査権　　監査役は、その職務を行うため必要があるときは、監査役設置会社の子会社に対して事業の報告を求め、又は監査役設置会社の**業務及び財産の状況**を調査することができる〔(会社381条3項）監査等委員会設置会社における監査等委員会が選定する監査等委員

による場合（同399条の3第2項参照）、指名委員会等設置会社における監査委員会が選定する監査委員による場合（同405条2項参照）〕。子会社は**正当な理由**があるときは、報告又は調査を拒むことができる（同381条4項・同399条の3第3項・同405条3項参照）。なお、監査役等の監査機関の会計監査人に対する説明・報告請求権については、会社法397条2項ないし5項を参照されたい。

　(a-2)　是正権限

　①　取締役会への報告義務　　監査役は、取締役が不正の行為をし、若しくは当該行為をするおそれがあると認めるとき、又は法令若しくは定款に違反する事実若しくは著しく不当な事実があると認めるときは、遅滞なく、その旨を取締役（取締役会設置会社にあっては取締役会）に報告しなければならない（会社382条・399条の4・406条参照）。

　②　株主総会に提出する議案・書類の調査報告権　　監査役は、取締役が株主総会に提出しようとする議案、書類、電磁的記録その他の資料を調査しなければならず、法令若しくは定款違反又は著しく不当な事項があると認めるときは、その調査の結果を株主総会に報告しなければならない（会社384条、会社規106条）。なお監査等委員会設置会社の監査等委員には、株主総会に対する報告義務が課されているが（会社399条の5）、指名委員会等設置会社における監査委員会の監査委員にはこの義務は課されていないことに留意する必要がある。

　③　取締役会出席義務・意見陳述義務・招集権　　監査役は、取締役会に出席し、必要があると認めるときは、意見を述べなければならない（会社383条1項前段）。取締役会への報告義務を果たすためには、取締役会が招集される必要がある。このため、監査役は、必要があると認めるときは、招集権者に対して取締役会の招集を請求することができ、一定期間内に招集の通知が発せられない場合は自ら取締役会を招集することもできる（会社383条2項・3項）。

　なお監査等委員会設置会社における監査等委員会による監査等委員以外の取締役の選任等についての意見陳述権（会社399条の2第3項3号・同342条の2第4項）及び監査等委員以外の取締役の報酬等についての意見陳述権（同399条の2第3項3号・同361条6項）を参照されたい。

　④　違法行為差止請求権　　監査役は、取締役が、監査役設置会社の目的の範囲外の行為その他法令若しくは定款に違反する行為をし、又はこれらの行為

をするおそれがある場合において、当該行為によって当該会社に**著しい損害**が生ずるおそれがある場合には、取締役に対してその行為をやめることを請求することができる（会社385条1項）。その請求権は、裁判所に対し**仮処分命令**を申し立てる際に行使されるが、裁判所が仮処分を命じる場合でも、裁判所は担保を立てさせる必要がない〔（同385条2項・同399条の6第2項・同407条2項参照）〕。**株主による差止請求**の場合によりも条件が緩やかになっている（会社360条3項・422条参照）〕。

⑤　取締役の報告を受ける権利　　取締役は、会社に著しい損害を及ぼすおそれがある事実を発見したときは、直ちに当該事実を監査役〔（会社357条1項）、監査役会設置会社においては監査役会（同条2項参照）、監査等委員会設置会社においては監査等委員会（同条3項参照）〕に報告する必要がある。なお、指名委員会等設置会社の場合については、会社法419条1項・3項を参照されたい。

⑥　会社の訴訟代表権　　監査役設置会社において、会社と取締役（取締役であった者を含む）との間の訴えについては、監査役が会社を代表する（会社386条1項・399条の7第1項2号・408条1項2号参照）。また、株主自らが責任追及等の訴え（これを「**株主代表訴訟**」という）を提起する前に、株主が会社に対して行う提訴請求（会社847条1項・847条の2第1項・847条の3第1項）、提訴株主からの訴訟告知（会社849条4項）も、監査役が会社を代表する（会社386条2項1号・2号）。監査役設置会社における訴えの代表権が監査役に与えられた趣旨は、取締役間のなれ合いを防止し、**会社訴訟における中立性**を確保するためである。

⑦　会計監査人の選解任・不再任に係る議案内容の決定権　　監査役（会）設置会社においては、株主総会に提出する会計監査人の選任及び解任並びに不再任に関する議案の内容は、監査役〔（会社344条1項）監査役が2人以上ある場合は、監査役の過半数をもって（同条2項）、また、監査役会設置会社においては監査役会（同条3項）、監査等委員会設置会社においては監査等委員会（会社399条の2第3項2号参照）、指名委員会等設置会社においては監査委員会（会社404条2項2号参照）〕が決定する（会社344条1項ないし3項）。

なお、会計監査人の報酬等の決定に関する監査役等の監査機関の関与については、会社法399条1項ないし4項を参照されたい。

⑧　各種の訴えの提起権　　監査役は、株主総会決議取消しの訴え（会社831条1項）、募集株式発行等無効の訴え（会社828条2項2号）、資本金の額の減少無効の訴え（同項5号）、合併無効の訴え（同条7号・8号）、会社分割無効の訴え（同項9号・10号）、株式交換・株式移転無効の訴え（同項11号・12号）などを提起できる。

　(b)　非公開会社　　監査役会設置会社及び会計監査人設置会社を除く非公開会社において、監査役の監査の範囲を会計事項に限定する旨の定款の定めがある場合には（会社389条1項）、監査役は、①監査報告の作成（同条2項）、②株主総会に提出する会計に関する議案・書類の調査報告権（同条3項）、③会計帳簿謄写閲覧権及び会計に関する報告請求権（同条4項）、④子会社に対する会計報告請求権・会社又はその子会社の業務財産状況の調査権（同条5項）がある。

　(v)　監査役会
　(a)　意　義　　監査等委員会設置会社及び指名委員会等設置会社を除く公開大会社は、監査役会を設置する必要がある（会社328条1項）。公開大会社は、一般に、多くの一般株主からなる上場会社である場合がほとんどであり、内外の多くの取引先企業と常時的に大規模な事業活動を行うことにより、経済社会に与える影響が大きいと考えられる。それゆえ、公開大会社は、**正確な会計帳簿**や重要な事業に関する資料に基づく**適正な計算書類等**の作成、及びその監査による決算が求められる。このような要請に応えるべく、会社法は、公開大会社の場合には、複数の監査人（監査役会設置会社においては監査役、監査等委員会設置会社においては監査等委員、指名委員会等設置会社においては監査委員）が監査活動に関する情報を交換する体制を整えることによって**監査の実効性**を確保しようとしている。

　(b)　監査役会の組織とその職務の事項　　監査役会設置会社においては、3人以上の監査役〔そのうち半数以上は、社外監査役であることを要する（これは監査役の半数を社外の者とすることによって監査の実効性を確保するための措置である）〕をもって監査役会を組織する必要がある（会社335条3項・390条1項）。

　監査役会は、組織的な監査活動を行うために監査役会の職務に関する事項については、その決議をもって、①監査報告の作成、②常勤の監査役の選定及び解職、③監査の方針、④会社の業務及び財産の状況の調査方法、⑤その他の監

査役の職務の執行に関する事項を定めることができる（会社390条1項）。もっとも、監査役会設置会社においては、各監査役の監査権限の行使を妨げることはできない〔(同条2項）これを監査役の「**独任制**」という〕。これは、監査という職務の性質が、監査役の個々人の監査に関する活動やその判断が優先されるべきであるからである。監査役会は、社外監査役との情報交換による組織的監査の連携を図るべく、監査役の中から常勤の監査役を選定する必要があり（会社390条3項）、監査役会の求めがあるときは、監査役は、いつでもその職務の執行の状況を監査役会に報告する義務がある（同条4項）。

取締役会に比べ、監査役会の招集手続とその決議はどう違うだろうか。この点、監査役会は、各監査役が招集することができるが（会社391条）、法解釈上、取締役会の招集権者の決定のように、定款又は取締役会決議によって招集権者を予め決めることはできないと解される（会社366条1項但書参照）。監査役会の招集手続は、取締役会と同様である。すなわち監査役は、監査役会の日の1週間（これを下回る期間を定款で定めた場合にあっては、その期間）前までに、各監査役に対してその通知を発する必要がある（会社392条1項）。ただし、監査役の全員が同意している場合は、招集の手続を経ることなく開催してもよい（会社392条2項）。監査役会の決議は、取締役会と同様に、**頭数多数決**の原則に基づく普通決議によるが（会社393条1項）、取締役会と異なり、監査役会の決議の省略は認められない（会社370条参照）。

(vi) 会計監査人

(a) 意　義　会社法上、会社は、「任意に」会計監査人を設置することができるとされる（会社326条2項）。これに対し、大会社及び監査等委員会設置会社並びに指名委員会等設置会社においては、なぜ、会計監査人の設置を義務づけるのであろうか（会社327条5項・328条）。前述のように、これらの会社のほとんどは、経済社会において大規模な事業を展開するため、会社経営をめぐる多くの**利害関係人**が存在しており、また会計の性質上、貸借対照表、損益計算書のような計算書類等は、その事業の規模に比例して複雑になる側面があるからであろう。

そこで、会社法は、会社の事業規模が大きい大会社においては、公認会計士という会計のプロによって、取締役（会計参与設置会社においては会計参与と共同

で）が作成し内部監査機関の監査を経た計算書類等の内容を外部監査させることにより、会社の計算書類の適正さを担保しようとしている（会社327条5項・328条）。特に監査等委員会設置会社及び指名委員会等設置会社においては、**経営の健全性**を高めるべく、「**業務の執行と分離**」を図っており（会社416条4項・399条の13第5項・6項参照）、**経営の透明性**の確保については、内部監査にあわせて会計監査人による計算書類等の**外部監査**に期待されているといってよい（会社327条5項）。

　(b)　会計監査人の選解任・任期　　会社法上、会計監査人の選任、解任及び不再任に関する議案の内容については、会社の（代表）取締役でなく、なぜ、監査役等の監査機関にその決定の権限を与えたのであろうか（会社344条1項ないし3項・399条の2第3項2号・404条2項2号）。これは、そのような議案内容の決定を会社の取締役等の権限にすれば、恣意的な選解任等により、**会計監査人の地位の独立性**を確保することが困難であると考えられるからである。

　会計監査人は、会社の役員と同様に、株主総会の普通決議によって選任及び解任されるが（会社329条・339条）、社外の者である会計監査人は会社の役員扱いをされないため（会社329条1項）、定款によって、定足数を3分の1未満とすることや定足数を排除することも可能である（会社341条参照）。会計監査人の任期は、原則として、1年であるが（会社338条1項）、定時株主総会において別段の決議がされなかったときは、会計監査人は、当該定時株主総会において再任されたものとみなす（同条2項）。

　(c)　会計監査人の権限

　(C-1)　基本的な権限　　会計学の専門知識を有する会計監査人の会計職務上の権限は、会社の計算書類及びその附属明細書、臨時計算書類並びに連結計算書類の監査である（会社396条1項前段）。会計監査人は、その職務上、これらの計算書類等を監査する場合は、法務省令で定めるところにより、会計監査報告を作成する必要がある（会社396条1項後段、会社規110条）。

　(C-2)　会計職務上の個別的権限　　会社法上、会計監査人には、その会計上の職務を適正かつ円滑に遂行するための個別的権限が与えられている。すなわち会計監査人は、①いつでも、会計帳簿又はこれに関する資料の閲覧及び謄写をし又は取締役及び会計参与並びに支配人その他の使用人に対し、会計に関

する報告を求める権利（会社396条2項・6項）を有するとともに、また、②その職務を行うため必要があるときは、子会社に対して会計に関する報告を求め、又は会社若しくはその子会社の業務及び財産の状況の調査をすることも可能である（同条3項）。もっとも、子会社は、正当な理由がある場合に限って、会計監査人への報告又はその調査を拒むことができる（同条4項）とされる。

そして、会社の計算書類等が法令又は定款に適合するか否かについて会計監査人が監査役などの監査機関と意見を異にするときは、会計監査人は、定時株主総会に出席して意見を述べることができる（会社398条1項・3項ないし5項）。また、定時株主総会において、その出席を求める決議があったときは、会計監査人は、出席して意見を述べなければならない（同条2項）。

(C-3) 会社内部の監査機関との関係　　会計監査人は、その職務を行うに際して取締役等の職務の執行に関し不正の行為又は法令若しくは定款に違反する重大な事実があることを発見したときは、遅滞なく、これを監査役（監査役会設置会社においては監査役会、監査等委員会設置会社においては監査等委員会、指名委員会等設置会社においては監査委員会）に報告する必要がある（会社397条1項・3項ないし5項）。これは、会社内部の監査機関と外部の会計監査人との職務上の連携を図り、会社の経営者である取締役等の任務懈怠（善管注意義務違反）を未然に防止し、事後的な対策を講じるための趣旨である。

4　役員等の義務と責任

(1) **総説**　　会社法は、会社と役員（取締役・会計参与・監査役（会社329条）及び執行役・会計監査人（以下、「役員等」））との間の関係については、民法の委任に関する規定（民643条ないし656条）に従う旨を定める（会社330条・同402条3項）。なお、指名委員会等設置会社において経営を担う執行役に対しては、取締役と会社との関係に関する規定が準用される（同419条2項）。そこで、以下では、取締役を中心に記述し、執行役については準用規定のみを示すことにとどまる。

(2) **役員等の義務**

(i) **善管注意義務**　　会社法は、取締役と会社との関係については、委任関係（会社330条・402条3項）として設定している。

会社法は、取締役は、善良な管理者としての注意をもって委任事務を処理するとともに（以下、「**善管注意義務**」という（民644条））、その職務遂行上、法令及び定款並びに株主総会の決議を遵守し会社の利益のために誠実に取締役としての職務を全うすべき義務（以下、「**忠実義務**」という）を負わなければならない（会社355条・419条2項）とする（以下、善管注意義務と忠実義務をあわせて「注意義務」というときがある）。

　(a)　善管注意義務と経営判断の原則との関係　会社の経営を担う取締役は、たとえ経済市場で展開する事業上の利益が確実に予測可能な状況ではない場合であっても、将来の事業上の利益を見込んだ迅速・果敢な投資を迫られるときが多々あるだろう。会社の経営にリスクが伴うといわれる所以である。

　しかし、取締役は、その職務遂行上、善管注意義務（会社330条・民644条）及び忠実義務（会社355条）を負い、その任務を怠ったことによって会社に損害が生じた場合は、損害賠償責任を負う（会社423条1項）地位にあるため、新たな事業への積極的な投資を行うことに慎重を期することになりかねない。そこで一般法理の法解釈として、取締役は通常の経営者に期待される一般的な注意をもってその職務を遂行し、法令及び定款並びに株主総会の決議を遵守し会社のために誠実に業務を執行する限り、結果的に取締役の業務執行により会社に損害が生じた場合であっても、事後的に会社に対する賠償責任を負わないと解している。これを、「**経営判断の原則**」という。判例（最判平22・7・15判時2091・90〔会社百選50〕）は、経営「**判断の過程・内容に著しく不合理な点がない限り、**」取締役としての善管注意義務に反するものではないという見解を示した。

　(ⅱ)　監視義務　取締役は、会社に対する注意義務の一環として、なぜ、監視義務を負うのだろうか（会社362条2項2号）。これは、取締役会設置会社における取締役会は、（代表）取締役の業務執行の**妥当性監査**を行う経営監督機関として位置づけられるから、その構成員たる取締役は、（代表）取締役の職務の執行を監視監督する義務（以下、「**監視義務**」という）を負うべきであると考えられるからである（会社362条2項2号）。

　では、取締役会非設置会社においても取締役は、監視義務を負うと考えるべきだろうか。取締役会非設置会社においても取締役が2人以上存在する場合は、取締役各自が会社を代表し（会社349条2項）、又は定款をもって取締役の

> **コラム 4 - 7** 善管注意義務と忠実義務の法的性質
>
> 　会社法上、取締役が負う善管注意義務と忠実義務の法的性質をめぐっては、取締役の忠実義務は「善管注意義務を敷衍し、かつ一層明確にした」ものにすぎないとする同質説（判例・通説）と、英米法上の忠実義務に倣って導入されたものであり善管注意義務とはその性質を異にするという異質説（有力説）とが対立している。
> 　同質説は、取締役は会社の利益を犠牲にして自己の利益を追及してはならないとする忠実義務は当然に善管注意義務の範疇に含まれるものと解している。これに対し、有力説は、善管注意義務は取締役がその職務の執行にあたって遵守すべき注意の程度に関する規定であるのに対し、忠実義務は取締役がその地位を利用し自己又は第三者の私益を追求してはならない義務であると主張する。判例・通説は、同質説を採用するが、会社の利益と取締役の利益とが衝突する場面などにおいては、取締役の忠実義務が強く求められている点に対しても留意すべきであろう。

中から代表取締役を定めることができるから、取締役は、（代表）取締役の職務の執行を監視すべき義務を負うものと解すべきであろう。

(iii)　忠実義務　会社法上、取締役は、その職務の遂行上、なぜ、「忠実義務」を負うのであろうか（会社355条・419条2項）。これは、会社の利益を保護するべく、取締役の善管注意義務を具体化した規定である取締役の競業取引及び利益相反取引を制限するとともに（会社356条1項各号・419条2項）、取締役の報酬等の決定については、定款又は株主総会の決議（会社361条）をもって、取締役の**権限濫用行為**を規制する必要があるからである。

(iv)　会社と取締役の利益衝突の防止の視点

　(a)　競業取引の制限　会社経営の受任者である取締役には、当然に、会社の利益を上げるべく、その職務上の任務を誠実に遂行することが期待されている。会社法上において、取締役に対し、自己又は第三者の利益を追求する事業活動を行ってはならないとする禁止規定は存在しない。しかし、取締役は、会社との関係において、会社の事業の部類に属する事業活動を行えば、取締役と会社は競業関係に立つことになり、取締役がその地位に基づいて知り得た得意先や仕入先の情報等を利用することによって、会社の取引先を奪うなど会社の利益を害するおそれがある。そこで、会社法は、会社の利益を保護するべ

> **コラム4−8** 取締役の内部統制構築義務
>
> 　会社の健全な発展のためには、経営の透明性を求め、取締役の経営責任を明確にする必要があるだろう。海外支店の行員による不正な取引を予防できず、巨額の損失を被った大和銀行の株主による取締役の経営責任の追及の訴え（大阪地判平12・9・20判時1721・3〔大和銀行事件〕）においては、取締役の善管注意義務の一内容として、取締役は「リスク管理体制構築義務」を負うと判示された。取締役のリスク管理体制構築義務は、大和銀行株主代表訴訟事件以来、学説及び裁判例によって支持され、立法化された。
>
> 　会社法は、大会社である取締役会設置会社における取締役会は、内部統制システム構築に関する事項を決定しなければならないとする（会社362条4項6号5項）。ただし、取締役会非設置会社の場合は任意であるが、取締役間の協議によって決するとする（会社348条3項4号・4項）。なお監査等委員会設置会社及び指名委員会等設置会社における取締役会は、内部統制システム構築に関する事項を決することが義務づけられている（会社399条の13第1項1号ロハ・2項・416条1項1号ロホ・2項、会社規100条・110条の4・112条）。

く、取締役の**競業取引**を制限する旨を定めている（会社356条1項1号。なお、指名委員会等設置会社における執行役には、会社法356条1項の規定が準用される。会社419条2項）。

　(b)　利益相反取引制限　　会社法は、競業取引と同様に、会社の利益と取締役の利益とが相反する取引を禁止しているわけではない。しかし、①取締役が自ら当事者として、又は②第三者の代理人として会社と取引を行う場合（図表4−6）、若しくは③取締役の第三者に対する債務について会社が連帯保証をする場合のように（図表4−7）、取締役が自己又は第三者の利益を追求することによって会社に損失が発生するおそれがあるので、会社の利益を保護するという見地から、**利益相反取引**についても一定の制限を加える必要がある。

　そこで、会社法は、利益相反取引を、①取締役が自ら当事者として、「自己又は第三者のために」会社との間で行う取引（以下、「直接取引」という（会社356条1項2号・419条2項））と、②外形的には「会社と第三者との間の取引」であるが、実際には「会社の利益と取締役の利益とが相反する取引」（以下、「間接取引」という（会社356条1項3号・419条2項））とに分けて規制を図っている。

図表4-6 利益相反取引（直接取引）

①代表取締役Bが、「自己」のために、A社とする取引
②代表取締役Bが、「第三者C」のために、A社とする取引

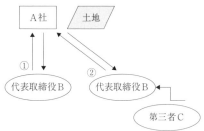

図表4-7 利益相反取引（間接取引）

A社が代表取締役B以外の者であるC銀行との間でする取引であるが、A社と代表取締役Bとの利益が相反する場合

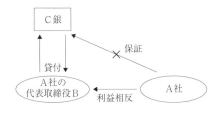

(c) 報酬等の決定　報酬等に関する決定は、（代表）取締役の業務執行の一環として考えられるから、取締役会で取締役の報酬等に関する意思を決定できるはずである。しかし、報酬等に関する決定を取締役会に一任すれば、取締役が、その**報酬等の決定・支給**に当たり、自分自身の将来の報酬等への影響等を考慮した、あまりに高額に設定するリスクがあり、**お手盛りの間接的な弊害**を完全に払拭できないと考えられる。そこで、会社法は、定款の定め又は株主総会の決議によって、取締役の報酬等を決定している（会社361条）。

(3) **役員等の会社に対する責任**　役員等と会社との関係は、委任に関する規定に従う（会社330・419条2項、民644条）。したがって、取締役が、会社法上課された一定の義務や個別的制限に反する行為をすることによって、会社に損害を与えた場合には、取締役は民法415条に基づく**債務不履行の責任**を負わなければならないと解される。しかし、経済社会において、会社は、重要な役割を果たしており、会社経営の受任者たる取締役の職務上の重大さに鑑みれば、民法の定める一般原則による責任だけでは十分とはいえないだろう。そこで、会社法は、会社の利益を保護するべく、取締役の会社に対する責任を**特別の法定責任**として定めている（会社423条）。

(i) 会社に対する損害賠償責任　会社法が定める役員等の会社に対する責任は、**任務懈怠責任**である（会社423条）。したがって、会社は、取締役に対し、会社に対する責任を追及するためには、①取締役がその任務を怠り、②そ

れによって会社に損害が発生しなければならず（これを「任務懈怠と損害との因果関係」という）、さらに③取締役の職務上の任務懈怠において**故意又は過失**があったことを立証する必要がある。取締役の任務懈怠を構成する原因となる行為としては、取締役が、その職務執行上、法令や定款に反する行為をし、またはこれ以外にも取締役の注意義務を個別的に定めた規定（例えば、前記の競業取引、利益相反取引、報酬等の決定）に反する行為をする場合などが挙げられる。

　役員等のうち、監査役は、取締役が、監査役設置会社の目的の範囲外の行為その他法令若しくは定款に違反する行為をし、またはこれらの行為をするおそれがある場合において、当該行為によって当該会社に「著しい損害が生ずるおそれ」がある場合には、取締役に対してその行為をやめることを請求しなければならない（これを「**違法行為差止請求権**」という。会社385条1項・399条の6第1項・407条1項）。

　会社に対し、（6ヵ月前から引き続き株式を有する）株主による提訴請求があったにもかかわらず、監査役が、会社を代表し、60日以内に、取締役の損害賠償責任を追及しない場合には、株主自らが取締役の責任を追及する訴え（これを「**株主代表訴訟**」という）を提起することができる（会社847条1項・3項、847条の2第1項・6項）。ただし、「会社に回復することができない損害が生じるおそれがある」場合には、株主は直ちに代表訴訟を提起できる（会社847条5項・847条の2第8項）。なお、2014（平成26）年会社法改正により、親会社の株主が、親会社を代表して子会社の取締役の責任を追及できる特定責任追及の訴え（これを「**多重代表訴訟**」という）が導入された（会社847条の3参照）。

　(ⅱ)　第三者に対する損害賠償責任
　　(a)　意　義　　会社経営の受任者たる取締役は、なぜ、会社以外の第三者に対しても責任を負う必要があるのだろうか。法解釈上、取締役は、会社に対する注意義務を負うのみであるから（会社330条・355条）、たとえ取締役がその任務を怠った場合であっても、会社以外の者に対しては責任を負わないはずである。しかし、会社は、経済社会において重要な機能を果たしており、しかも会社の事業活動はその経営執行機関たる（代表）取締役の職務の執行により展開されるのが一般的である。この点、取締役の任務懈怠によって株主や会社債権者等の第三者が損害を被った場合は、正義・公平の観点からすれば、当然

に、会社以外の取締役も直接これらの第三者に対して損害賠償の責任を負わなければならないと考えるべきだろう。そこで、会社法は、**第三者の利益を図る**べく、取締役の第三者に対する責任規定を設けている（会社429条1項）。

(b) 責任の性質　取締役の第三者に対する責任（会社429条1項）の法的性質につき、取締役は、その職務執行上、**悪意又は重大な過失**によって第三者に損害を与えた場合には、一般不法行為の特則として取締役に損害賠償責任を課すべきであるとする考え方がある（これを「**一般不法行為特則説**」という）。

一般不法行為特則説は、取締役はその職務を執行するに際して過失によって第三者に損害を与える蓋然性が高く、このような場合に、一般不法行為法によって取締役に損害を負わせると酷になるので、法政策上、取締役の**迅速な経営判断**を保障するとともに、取締役の経営責任への加重をできる限り減らす必要があるという理由などから、その責任の要件を「取締役の職務を行うについて悪意又は重過失があったとき」に限定すべきであると主張する見解である。

しかし、判例（最大判昭44・11・26民集23・11・2150会社百選70）及び多数説は、会社が経済社会において重要な地位を占めており、しかも会社の活動は、その経営執行機関たる（代表）取締役が会社に代わって経営に関する委任事務を代理することを考慮し、取締役がその職務の執行にあたって、「悪意又は重大な過失」によって「第三者」に「損害」を与えたときに負うべき責任は、法が特に認めた責任であると解している。これを「**法定責任説**」という。

5　資金調達

1　総説

会社がその事業活動を継続していくためには資金を調達する必要がある。会社が外部から資金を調達する方法として、銀行からの借入れ、新株の発行及び社債の発行など、様々な方法がある。会社の資金調達方法のうち、会社法は**募集株式の発行等**、**新株予約権の発行**、**社債の発行**の3つの方法について規制している。これらの方法によって、会社はひろく一般公衆から大規模な資金調達をすることができる。このうち、募集株式の発行等及び新株予約権の発行は、株式会社しか行うことができず、社債は株式会社でも持分会社でも行うことが

できる。

　株式会社は設立時に定款に発行できる株式の総数（発行可能株式総数）を定めておかなければならず、その範囲内で新株を発行して資金を調達することができる。これを募集株式の発行という。募集株式の発行は、第三者割当て、株主割当て、及び公募による方法がある。第三者割当てとは、会社が特定の者に対して新株を割り当てる方法である。株主割当てとは、会社の株主の持株比率に応じて株式を割り当てる方法である。公募とは、不特定の者に株式の引受けを勧誘して、これに応募した者に割り当てる方法である。このほか、会社が所有している自社の株式（自己株式）を処分して資本化することもできる。会社法では、第二編株式会社に関する規定の中に（会社199条ないし213条の3）、募集株式の発行と自己株式の処分を合わせて「募集株式の発行等」として関連規定が置かれている。

　新株予約権とは、株式会社に対して行使することにより当該株式会社の株式の交付を受けることができる権利という（会社2条21号）。会社法では、募集株式の発行等と同様に、第二編株式会社に関する規定の中に（会社236条ないし294条）、新株予約権に関する規定が置かれている。

　社債とは、会社が行う割当てにより発生する当該会社を債務者とする金銭債権であって、会社法所定の事項に従い償還されるものをいう（会社2条23号）。端的にいえば、社債とは、会社法上の規定に基づき、会社が発行、償還する金銭債権である。社債は、株式会社と持分会社のいずれも発行することができ、会社法では、株式会社と持分会社に関する規定の後の第四編に社債に関する規定が置かれている。

　以下では、この3つの資金調達方法について順次説明する。

2　募集株式の発行等

(1) **募集事項の決定**　株式会社が募集株式の発行等を行うときは、その内容を募集事項として定めなければならない。具体的には、募集株式について、募集株式の数、その金額や算定方法、出資の履行場所や期間など、募集に関する一定の事項を定めなければならない（会社199条1項各号）。これらの**募集事項**は、募集ごとに、均等に定めなければならない（同条5項）。

会社が発行しようとする募集株式の数は、定款所定の発行可能株式総数のうち、発行済株式数を除いた範囲内でなければならない。なお、この発行可能株式総数は定款を変更する手続によって変更することができる（本章7節参照）。

(2) **募集事項の決定機関**

(i) **非公開会社** 募集事項を決定する機関については、公開会社か否かで異なる。株式が自由に流通していない非公開会社では通常、株主は持株比率に強い関心及び利害関係を有する。もし取締役会が自由に募集事項を決定できるとすれば、既存株主の持株比率に関する利益が害されるおそれがある。そのため、非公開会社においては、募集事項の決定機関は原則、株主総会であり、かつ、その決議は特別決議によらなければならない（会社199条2項・309条2項5号）。ただし、既存株主の利益が害されるおそれがないときは、この限りではない。例えば、株主総会の特別決議によって、募集株式の数の上限及び払込金額の下限を定めておき、募集事項の決定を取締役（会）の決定に委ねることができる（会社200条1項・309条2項5号）。また、株主割当ての場合は、株主全員に新株を引き受ける機会が与えられるから、予め定款に定めておけば、募集事項及び株主割当てに関する事項について、取締役（会）の決定に委ねることができる（会社202条3項1号・2号）。

(ii) **公開会社** これに対して、公開会社においては、株式が流通することが予定されているため、非公開会社ほど株主の持株比率を維持する要請が高くない。そのため、公開会社においては、定款に定められた発行可能株式総数の範囲内で新株を発行する権限が取締役会に与えられている。これを授権資本制度（授権株式制度）という。募集事項の決定機関は原則、取締役会である（会社201条1項・202条3項3号）。これによって、公開会社においては、取締役会決議限りで機動的な資金調達が可能となる。ただし、公開会社における取締役会の新株発行に関する決定権は無制限ではない。会社法は、公開会社の設立時発行株式の総数は、発行可能株式総数の4分の1以上でなければならないとしており、これによって公開会社における株主の持株比率が希釈される上限を設けている（会社37条3項）。また、株主割当て以外の方法による**有利発行**（有利発行については以下(iv)と**コラム4-9**を参照）の場合は、既存株主の株式価値に関する利益が害されるため、取締役会限りでの募集株式の発行が行えず、株主総会

の特別決議によらなければならない（会社201条1項・199条3項）。

(iii) **会社の支配権の変動をもたらしうる募集株式の発行**　以上のとおり、会社法の下では、公開会社において、発行可能株式総数の範囲内で既存株主の持株比率が希釈されることは許容されている。しかし、**支配権の変動**をもたらしうる新株の発行についても、取締役会決議限りで決められうるとなると、会社の支配権の所在が経営陣（取締役会）の決定によることになってしまう。そこで、2014（平成26）年改正会社法は、公開会社において、支配株主を作り出してしまうほど大規模な新株発行が行われる場合には、一定の手続を課することとした。具体的には、募集株式の引受人（特定引受人）が当該募集株式の発行後に有することとなる議決権の数が総株主の議決権数の2分の1を超える場合は、会社は当該募集株式の発行前の一定期間内に、株主に対して、特定引受人に関する一定の事項を通知しなければならない規定を新設した（会社206条の2）。そして、一定数以上の議決権を有する株主が会社に対し、特定引受人による募集株式の引受けに反対する旨を通知した場合、会社は原則、当該特定引受人に対する株式割当てについて、株主総会の普通決議による承認を受けなければならない。

(iv) **有利発行**　会社が募集株式の発行を株主割当て以外の方法によって行う場合、払込金額が募集株式の引受人にとって特に有利な金額であれば、既存株主の利益が害される。そのため、公開会社か否かにかかわらず、株主割当て以外の方法で行う有利発行は、株主総会においてその理由を開示したうえで、特別決議によらなければならない（会社199条3項・201条1項・200条2項）。

払込金額が「特に有利な金額」であるかについては、一般的に、公正な価格を基準として、これより著しく低い金額であるか否かによって判断される。市場価格のある株式であれば、公正な価格は時価を基準として判断される。これに対して、市場価格のない株式については、株式の時価に関する評価を行わなければならない。市場価格のない株式は、その評価に用いる算定方法によって、評価額に一定の幅がありうる。

(v) **公示・開示**　募集株式の発行が法令や定款に違反するなど、募集株式の発行に何らかの瑕疵がある場合は、その効力を認めるべきではない。しかし、株式はいったん発行されると流通する可能性があるため、取引の安全を保

コラム4－9　有利発行の弊害

　会社が募集株式を行う場合に、募集株式の払込価格によっては、既存株主の利益が害される。次の例を考えてみよう。甲社は2人の株主AとBで構成されている。AとBはそれぞれ100万円を甲社に出資し、甲社株式を100株ずつ所有している。A社は1株1万円、A社の純資産は200万円であり、この会社ではほかに財産がないとする。A社は40万円を外部から調達することになり、1株8000円、50株を新たに発行することとした。甲社の既存株主のAとBがそれぞれ20万円で25株を引き受けた場合と（株主割当て）、甲社の株主でないCが40万円で50株全部引き受けた場合（第三者割当て）を比べてみよう。

　甲社の既存株主のAとBがそれぞれ25株を引き受けた場合、甲社の純資産は240万円となり、発行済株式総数は250株となる。甲社の1株当たりの価格は240万円÷250株で9600円となる。甲社の株価は1万円から9600円に下がったので、AとBが不利益を被ったように見える。しかし、AとBはそれぞれ125株を有しており、125株×9600円で120万円分の株式を保有しているから、これはAとBが甲社に出資した金額（100万円＋20万円＝120万円）と等しいから、AとBは不利益を被っていない。

　他方、甲社の株主でないCが50株全部引き受けた場合、甲社は同じく純資産は240万円となり、発行済株式総数は250株、1株当たりの価格は9600円である。しかし、AとBが保有している株式の価値は100株×9600円で96万円となり、当初出資した100万円より減少している。対してCが出資した金額は40万円であるにもかかわらず、その保有している株式価値は50株×9600円で48万円となる。このように、AとBの被った8万円分の損失が利益としてCに帰属することとなる。

　このように、株主割当て以外の方法による有利発行は、既存株主の株式価値に関する利益を害するため、会社法は株主総会の特別決議による承認を要求している。

護する観点からも、瑕疵のある募集株式の発行の効力が生じる前に、これを差し止めることが望ましい。そのため、募集事項の決定を行った場合、募集株式の発行に瑕疵がある場合に備えて、これを差し止める機会を株主に与える必要がある。そこで、会社法は、会社が募集事項の決定を行った場合に、これを株主に対して、通知・開示しなければならないとしている。

　公開会社においては、取締役会決議で募集事項の決定が行われる場合は、払込期日の2週間前までに株主に募集事項を通知しなければならない（会社201条

3項)。当該通知は、公告をもってこれに代えることができる(同条4項)。また、公開会社における有利発行の場合は、株主総会の特別決議により募集事項の決定が行われる。当該株主総会の招集通知は書面によらなければならず、募集株式の発行に関する事項が記載される(会社299条2項2号・同条4項)。公開会社の株主は、この招集通知により募集株式の発行が行われようとすることを知ることができる。他方、非公開会社における募集株式の発行の場合は、株主総会の特別決議により募集事項の決定が行われる。当該株主総会の招集通知に募集株式の発行に関する事項が記載されていれば、株主は募集株式の発行が行われようとしていることを知ることができる。ただし、非公開会社で取締役会を置かない会社では、株主総会の招集通知は書面による必要がないため、このような会社では株主は事前に募集事項の決定を知ることができない場合もありうる。

(3) **募集株式の申込みと割当て**　募集事項の決定を行った場合、会社は、募集株式の引受けの申込みをしようとする者に対して、募集事項その他一定の事項を通知する(会社203条1項)。募集株式の引受けの申込みをしようとする者は、自己の氏名又は名称及び住所、引き受けようとする募集株式の数に関する情報を明らかにして会社に交付する(同条2項・3項)。

会社は、申込者の中から募集株式の割当てを受ける者、及びその者に割り当てる募集株式の数を定め、所定の期日までに、申込者に通知する。この割当ての決定は、取締役会設置会社では取締役会、取締役会を置かない会社では取締役若しくは株主総会が決定する(会社362条2項1号・348条1項)。誰に何株割当てるかの割当ての決定は原則自由である。この割当てを受けると、募集株式の申込者は、割り当てられた数について、募集株式の引受人となる(会社206条1号)。

(4) **出資の履行**　募集株式の引受人は、所定の期日までに、払込金額の全額の払込みをし、現物出資財産の場合は、払込金額の全額に相当する現物出資財産を給付しなければならない(会社208条)。これらの会社に対する払込みに関する債務は、会社に対する債権と相殺することができない(同条3項)。また、現物出資については、引受人が給付した財産の価格が過大評価されると、債権者やほかの株主の利益が害され、会社の資本充実の原則に反するため、設立の場合と同様に、検査役を選任し、その検査を受けなければならない(会社

> **コラム 4−10** 不公正発行と主要目的ルール
>
> 　新株の発行が不公正発行であると争われるのは、公開会社で支配権争いが起きているときに、経営陣が取締役会決議により、現在の経営陣を支持する第三者に対して第三者割当てによる募集株式の発行を行う場合がほとんどである。不公正発行の判断については、裁判所はこれまで、いわゆる「主要目的ルール」による判断の方法を採用してきた。すなわち、新株発行について、裁判所は、支配権目的等、不当な目的が新株発行の主要な目的であると認められるときに、不公正発行であるとしてきた（東京地決平1・7・25判時1317・28〔いなげや・忠実屋事件〕）。主要目的ルールの下では、新株発行について、不当な目的の存在が認められる場合でも、それが主要な目的であると認められない限り、直ちに不公正発行であるとして募集株式の発行等の差止請求が認められるわけではない。これまでの裁判例においては、通常会社に資金調達目的が認められる場合は、差止めがほとんど認められてこなかった。

207条）。現物出資財産の価額が不足する場合や出資の履行の仮装が行われた場合の引受人及びこれに関与した取締役の責任も設立の場合に準ずる（会社212条1項・213条・213条の2第1項・213条の3）。

　募集株式の引受人は、払込期日に出資を履行すると株主となる（会社209条1項1号）。払込期間が定められている場合は、出資を履行した日に株主となる（同項2号）。

(5) **募集株式発行の瑕疵を争う手続**

　募集株式の発行等において瑕疵が存在する場合に、会社法上、効力の発生前に当該募集株式の発行等をやめさせる請求をする方法、及び効力の発生後に当該募集株式の発行等の効力を争う方法がある。

（ⅰ）**募集株式の発行等の差止め**　募集株式が発行されると、これに基づいて様々な法律関係が形成されるため、当該募集株式の発行に瑕疵が存在する場合は、効力の発生前に当該募集株式の発行等をやめさせる方法によるべきである。そこで、会社法は、募集株式の発行等が法令又は定款に違反する場合、若しくは著しく不公正な方法によって行われる場合に、当該募集株式の発行によって株主が不利益を受けるおそれがあるときは、当該募集株式の発行等をや

めることを会社に対して請求することができると定めている（会社210条）。法令又は定款に違反する募集株式の発行の例として、株主総会の特別決議を経ない有利発行、定款に定めた発行可能株式総数を超える募集株式の発行などがある。著しく不公正な方法による発行（**不公正発行**）とは、会社の経営における支配権を維持・強化するために募集株式の発行を行う場合を指す。

　(ⅱ)　新株発行等の無効の訴え　　募集株式の発行等に瑕疵が存在する場合、その効力は否定されるべきである。しかし、新株がいったん発行されると、これを前提に様々な法律関係が形成される。仮に民法の一般原則に従って、いつでも誰でも主張できるとすれば、法的安定性が害され、適切ではない。そこで、会社法は、新株発行等の無効の訴えの制度を設け、募集株式の発行等の効力が生じた後に無効を主張する場合には一定の制限を受ける（会社828条1項2号・3号）。具体的には、新株発行の無効は、訴えのみによって主張でき、提訴権者が株主等に制限されている（同条2項2号・3号）。また、提訴期間についても、新株発行の効力発生時より、公開会社においては6ヵ月、非公開会社においては1年と制限されている。無効判決が確定したときは対世効を有し、遡及効が制限される（会社838条・839条）。

　無効事由については法に定められていないが、判例・通説は、取引の安全に配慮し、一般的に無効原因を制限的に認める。ただし、差止請求を無視した場合や、公示を欠く場合など差止請求の機会を株主に与えなかった場合については、当然無効と解される。所定の機関の決議を経ないで行われた株式の発行については、判例・通説はこれを有効とする。（最判昭36・3・31民集15・3・645）ただし、取引の安全に配慮する必要性が低い非公開会社においては、株主総会の特別決議を経ない第三者割当てによる新株の発行は無効事由になるとする判例がある（最判平24・4・24民集66・6・2908〔会社百選29〕）。

　(ⅲ)　新株発行等の不存在確認の訴え　　募集株式の発行の実態が存在しないのに、外見上これがなされたかのように登記がなされている場合等は、新株発行等の不存在確認の訴えを提起することができる（会社829条1号・2号）。もっとも、この主張は、裁判上でも裁判外でも主張できる。また、提訴期間や原告適格に関する制限もない。

3 新株予約権

(1) 意義 新株予約権とは、株式会社に対して行使することによって、当該株式会社の株式の交付を受けることができる権利をいう（会社2条21号）。新株予約権はあくまで株式を発行してもらう権利でしかないため、新株予約権の発行自体は会社にとって募集株式の発行等や社債の発行のように効率的な資金調達方法ではない。しかし、新株予約権は、会社にとって資金調達以外の目的を実現するために有用である。例えば、ある会社で時価1株100円の自社株式について、1株100円を行使価格とする新株予約権を取締役に与えたとする。会社の業績向上により、株価が200円に上昇したときに、新株予約権を保有している取締役が新株予約権を行使すれば、1株100円で時価200円の自社株式を購入でき、これを市場で売却すればその差額の100円を得ることができる。このように、新株予約権を保有している者は、将来的に株価が権利行使価格を上回れば、利益を得ることができるから、会社はインセンティブ報酬として新株予約権を取締役に与えることによって、株価の上昇につながるような効率的な経営を行わせることができる。このほか、社債と組み合わせての発行もでき、敵対的買収に対する防衛策などにも利用されることがある。

(2) 募集事項の決定 会社が新株予約権を発行するには、募集株式の発行と同様、第三者割当てによる方法、株主割当てによる方法、及び公募による方法がある。

株式会社が新株予約権の発行を行うには、会社法236条に定める新株予約権の内容を含め、募集事項として一定の事項について定めなければならない。具体的には、新株予約権について、その内容と数、募集新株予約権の払込金額又はその算定方法、割当日、出資の履行場所や期間などを定めなければならない（会社236条1項・238条1項各号）。これらの募集事項は、募集ごとに、均等に定めなければならない（会社238条5項）。

募集事項を決定する機関については、公開会社か否かで異なり、募集株式の発行に準じる（会社238条2項・239条・240条・244条の2）。新株予約権の発行に関しても、新株の発行と同様に有利発行が問題になりうる。

(3) 新株予約権の申込みと割当て 募集事項の決定を行った場合、新株予約権の引受けの申込み及び割当ての手続を経て、申込みをした者が割当日に新株

予約権者となる。

　新株予約権が発行されると、会社は新株予約権原簿を作成し、新株予約権にかかる一定の事項を記載・記録しなければならない。新株予約権者は、その有する新株予約権を譲渡することができる。新株予約権の譲渡方法については、株式の譲渡に準じる規律付けになっている。

　(4) **募集新株予約権にかかる払込み**　募集新株予約権が金銭の払込みを要する場合は、新株予約権者は払込期日までに払込金額の全額を払い込まなければならない（会社246条1項）。

　現物出資財産の価額が不足する場合や出資の履行の仮装があった場合については、募集株式の発行に準じる規律付けになっている（会社285条1項・286条・286条の2第1項・286条の3第1項）。

　(5) **新株予約権の行使**　新株予約権者は、新株予約権を行使した場合、その行使した日に株式を取得する（会社282条1項）。当該権利行使は、その行使にかかる新株予約権の内容及び数、行使する日を明らかにしてしなければならない（会社280条1項）。

　(6) **新株予約権の瑕疵を争う手続**　新株予約権についても、その瑕疵を争う方法として無効の訴え、不存在確認の訴えが会社法上定められている（会社828条1項4号・829条3号）。これらの訴訟要件については、新株発行に関するこれらの制度に準じる。

4　社　債

　(1) **意　義**　会社法上、会社は新株や新株予約権の発行以外にも、社債を発行して一般公衆から広く資金を調達することができる。社債とは、会社が行う割当てにより発生する当該会社を債務者とする金銭債権であり、会社法676条各号に掲げる事項についての定めに従い償還されるものをいう（会社2条23号）。社債は会社がする借金であるから、株式の発行と異なり、資金を提供した債権者に償還されることが予定されている。社債の発行は、公募発行と総額引受契約とによる方法がある。

　(2) **募集社債に関する事項の決定**　株式会社が募集社債を発行するには、その発行の都度、募集社債の内容や償還方法等について一定の事項を定めなけれ

> **コラム4-11** 新株予約権と買収防衛策
>
> 　企業が敵対的買収に対する防衛策として新株予約権を発行することがある。新株予約権は会社に対して株式を発行してもらう権利であるため、新株予約権の発行それ自体は会社の持株比率の変動をもたらさない。新株予約権者がこれを行使することによって、初めて会社の持株比率の変動が生じる。企業が敵対的買収に直面したときに、会社の経営陣に友好的な第三者に対して新株予約権を発行することによって、敵対的買収を阻むことができる。友好的な第三者が新株予約権を行使することによって、敵対的買収者が取得した持株比率を下げることができる。あるいは、新株予約権を行使しなくても、敵対的買収者が対象会社の株式を一定数買い集めたとしても、発行された新株予約権の行使によって持株比率を下げられる可能性がある限り、買収を思いとどまらせることができる。支配権を維持する目的で行う新株予約権の発行は、募集株式の発行と同様に、不公正発行であるとして、差止めの対象となる。ただし、近時の裁判例によれば、新株予約権の発行が経営権の維持・確保を主要な目的であっても、株主全体の利益の保護という観点からこれを正当化する特段の事情がある場合には、不公正発行に当たらないとする（東京高決平17・3・23判時1899・56）。

ばならない（会社676条）。

　募集社債に関する事項の決定は、会社の業務執行の決定であるので、会社の機関設計によって、その決定機関が異なる。取締役会を置かない会社では、株主総会の普通決議、若しくは取締役の決定によって行われる（会社295条1項・309条1項・348条1項・2項）。取締役会設置会社においては、取締役会が決定する（会社362条4項5号）。

　(3) **募集社債の申込みと割当て**　募集事項の決定を行った場合、募集社債の引受けの申込みをしようとする者に対して、募集事項その他一定の事項を通知しなければならない（会社677条1項）。募集社債の引受けの申込みをしようとする者は、自己の氏名又は名称及び住所、引き受けようとする募集社債の金額及び金額の数を記載した書面若しくはこれらを電磁的方法によって記録したものを会社に交付する（同条2項・3項）。

　会社は、申込者の中から募集社債の割当てを受ける者を定め、かつ、その者に割り当てる募集社債の金額及び金額ごとの数を定め、払込期日までに申込者

に対して通知しなければならない（会社678条）。割当ての決定において、申込みを受けた数よりも少ない数を申込者に割り当てることができる。

ただし、総数引受契約の場合は、これらの規定が適用されない（会社679条）。

(4) **募集社債の成立**　割当てを受けると、割り当てられた数について、募集社債の申込者は社債権者となる（会社680条）。募集株式の発行と異なり、払込みは社債の成立要件ではない。

(5) **違法な社債発行に対する措置**　募集社債の発行に瑕疵があった場合に、募集株式の発行と異なり、会社法はこれを争うための特別な手続を用意していないため、民法や会社法の一般的な規定によることとなる。

(6) **社債の管理**

(i) **社債原簿**　会社は、社債の発行後、遅滞なく社債原簿を作成し、社債権者及び社債の内容に関する事項をこれに記載・記録しなければならない（会社681条各号）。社債原簿に関する規定は株主名簿に関する規定に準ずる。

(ii) **社債管理者**　会社は、社債を発行する場合には、社債権者の利益を保護するために、社債管理者を定め、社債権者のために、弁済の受領、債権の保全その他の社債の管理を行うことを委託しなければならない（会社702条）。社債管理者は、銀行、信託銀行やこれらに準ずる金融機関等でなければならない。社債管理者は、社債権者のために社債に係る債権の弁済を受け、又は社債に係る債権の実現を保全するために必要な一切の裁判上又は裁判外の行為をする権限を有する（会社705条）。

(iii) **社債権者集会**　社債権者は、社債の種類ごとに社債権者集会を組織する（会社715条）。社債権者集会は、社債権者の意思決定機関であり、会社法に定める事項及び社債権者の利害に関する事項について決議をすることができる（会社716条）。社債権者集会は、必要がある場合にはいつでも招集することができ、会社法所定の招集権者が招集する（会社717条）。招集方法は、株主総会に関する規定に準ずる。

社債権者集会における決議方法は、原則として、出席した議決権者の議決権の総額の2分の1を超える議決権を有する者の同意によってなされる（会社724条1項）。一定の場合を除き、債権者集会は定足数が定められておらず、少数の債権者で会社全体の利益にかかわる重大な事項を決定することができるた

> **コラム4-12** 社債の種類
>
> 　社債は、記名社債と無記名社債、及び普通社債と新株予約権付社債とに分類できる。記名社債とは、社債原簿に社債権者の氏名・名称及び住所が記載され、社債券の発行が会社によって選択的であるのに対して、無記名社債とは、社債原簿に社債権者の氏名・名称及び住所が記載されず、無記名式の社債券が発行されている社債である。新株予約権付社債とは、新株予約権を付した社債をいう（会社2条22号）。新株予約権付社債の発行と流通において、それぞれを切り離すことができない。社債権者はその選択によって、新株予約権を行使して、当該社債権を出資の目的とし、その権利行使価格は当該社債の金額となる（会社236条1項3号・676条2号）。いわゆる転換社債型新株予約権付社債（従前の転換社債）は、社債であるため、満期まで社債として所有し、利息と元本の償還を受けることができる一方で、あらかじめ定められた価格（転換価格）で社債発行会社の株式を発行してもらうこともできる。そのため、例えば発行会社株式の市場価格がこの転換価格よりも高い場合に、社債権を出資の目的として株式の発行を受け、当該株式を市場で売却すれば、その差額を利益として得ることができる。

め、決議の妥当性を担保するために、社債権者集会の決議は、裁判所の認可を受けなければ、その効力を生じない（会社734条1項）。裁判所の認可を受けると、当該社債権者集会の決議は、当該種類の社債を有するすべての社債権者に対してその効力を有する。

6　計　算　等

1　総　説

　会社はその事業によって得られた利益を出資者に分配する営利組織である。そのため、会社はその財産状況や経営成績を把握し、明らかにする必要がある。会社のこれらの活動を会計という。会社は継続企業を前提としているため、一定の期間を区切って会計に関する活動を行う必要がある。これを**事業年度**という。会社は、1年以内の期間でその事業年度を定めることができる（会社計算59条2項）。日本では、毎年4月1日から翌年3月31日までを1年度としている会社が多い。

会社法では、第二編第五章に「計算等」の章を設け、会計に関するルールを定めている。会社法が会計に関するルールを置くのは、2つの目的がある。1つは、株主や債権者等の会社の利害関係者への**情報開示**のためである。なぜなら、株主や債権者が株式会社に投資や取引をする前提としてもこれらの情報を必要とする。会社法が会計に関する統一的なルールを置いているのは、株主や債権者が会社間の比較を容易にするためである。

　2つ目は、株主に対する利益の分配を規制するためである。株式会社においては、出資者である株主は出資額を超えて債権者に対して責任を負うことがない。そのため、債権者は、会社の財産からしかその債権を回収できない。会社が無制限に会社の財産を配当として株主に交付できるとすれば、会社債権者の利益が害される。そのため、会社法は**債権者保護**のために、利益の分配（剰余金の配当）に関する制限を設けている。

　もっとも、会計に関するルールは様々なものがあり、会社法は最低限のルールを定めておき、細かい具体的なルールは法務省令に委ねている。また、会計に関するルールは日々取引の中で変化していることが考えられる。そこで、会社法は、会計は、一般に公正妥当と認められる企業会計の慣行（「**公正な会計慣行**」）に従うものと定めている（会社431条）。現在は、会計に関する専門家団体が会計基準等を作成している。

2　会計帳簿と計算書類等

　会社はその財産状況や経営成績を把握する前提として、日々の取引について記録し、事業年度ごとに一定の書類を作成し・保管しなければならない。会社法432条以下では、会社が作成すべき**会計帳簿**、**計算書類**等の書類について定めている。以下では、これらの書類のうち、特に重要なものについて説明する。

　(1)　**会計帳簿**　　会計帳簿とは、会社がその財産及び損益の状況を明らかにするために作成される帳簿であり、計算書類等の基礎となる。会計帳簿には、仕訳帳、総勘定元帳の主要簿と、仕入帳、買掛金元帳などの補助簿がある。会社は、公正な会計慣行に従い、適時に、正確な会計帳簿を作成し、保管しなければならない。会計帳簿は、事業年度ごとに、書面又は電磁的記録をもって作

図表4-8　貸借対照表

(平成○○年○月○日現在)　　　　　　　　　　(単位:百万円)

項目	金額	項目	金額
(資産の部)		(負債の部)	
Ⅰ　流動資産		Ⅰ　流動負債	
現金及び預金	○○	支払手形	○○
受取手形	○○	買掛金	○○
売掛金	○○	短期借入金	○○
有価証券	○○	未払金	○○
製品及び商品	○○	リース債務	○○
短期貸付金	○○	未払法人税等	○○
前払費用	○○	賞与引当金	○○
繰延税金資産	○○	繰延税金負債	○○
その他	○○	その他	○○
貸倒引当金	△○○	流動負債合計	○○○
流動資産合計	○○○	Ⅱ　固定負債	
Ⅱ　固定資産		社債	○○
(有形固定資産)		長期借入金	○○
建物	○○	リース債務	○○
構築物	○○	退職給付引当金	○○
機械及び装置	○○	繰延税金負債	○○
工具、器具及び備品	○○	その他	○○
リース資産	○○	固定負債合計	○○○
土地	○○	負債合計	○○○
建設仮勘定	○○	(純資産の部)	
その他	○○	Ⅰ　株主資本	
(無形固定資産)		資本金	○○
ソフトウェア	○○	資本剰余金	
のれん	○○	資本準備金	○○
その他	○○	その他資本剰余金	○○
(投資その他の資産)		資本剰余金合計	○○○
関係会社株式	○○	利益剰余金	
投資有価証券	○○	利益準備金	○○
出資金	○○	その他利益剰余金	
長期貸付金	○○	××積立金	○○
長期前払費用	○○	繰越利益剰余金	○○
繰延税金資産	○○	利益剰余金合計	○○○
その他	○○	自己株式	△○○
貸倒引当金	△○○	株主資本合計	○○○
固定資産合計	○○○	Ⅱ　評価・換算差額等	
Ⅲ　繰延資産	○○	その他有価証券評価差額金	○○
		評価・換算差額等合計	○○○
		Ⅲ　新株予約権	○○
		純資産合計	○○○
資産合計	○○○	負債・純資産合計	○○○

成される。会社は、会計帳簿を締め切った（閉鎖）ときから10年間、会計帳簿及び事業に関する重要な資料を保存しなければならない（会社432条）。

(2) **計算書類等** 　計算書類とは、会社がその財産や損益の状況を明らかにするために、会計帳簿に基づき、作成される書類である。計算書類には、**貸借対照表、損益計算書、株主資本等変動計算書**及び**個別注記表**が含まれる。

(i) 貸借対照表（図表4-8参照）　貸借対照表とは、ある一定の時点における会社の財政状態を示すものである。貸借対照表は**資産、負債**及び**純資産**の3つの部から構成される。貸借対照表の左側には資産の部、右側上部には負債の部、右側下部には純資産の部がそれぞれ表示される。資産の部の額は、負債の部と純資産の部の合計額と必ず一致するようになっている。

資産の部は流動資産、固定資産、繰延資産に、負債の部は流動負債、固定負債の各項目にそれぞれ区分される。純資産の部は、株主資本、評価・換算差額及び新株予約権に区分される。純資産の部の株主資本の項目には、資本金、資本剰余金、利益剰余金及び自己株式に区分される。剰余金の配当における分配可能額は、この株主資本に含まれるこれらの項目に基づいて計算される。

(ii) 損益計算書　貸借対照表が一定の時点における会社の財政状態を示すものであるのに対して、損益計算書は、一定の期間に会社に生じた収益、費用、及び利益又は損失を示すものである。これにより、会社の当該期間内の経営成績が明らかになる。

(iii) 株主資本等変動計算書　株主資本等変動計算書は、一定期間における貸借対照表の純資産の部の変動額をその変動とともに明らかにするものである。2005（平成17）年会社法改正において、会社は事業年度中いつでも剰余金の配当ができるようになり、貸借対照表や損益計算書のみでは純資産の変動の内訳を把握することが困難になったことに伴い、株主資本等変動計算書の作成が義務付けられた。

(iv) 個別注記表　個別注記表とは、重要な会計方針や継続企業の前提に関する注記など、計算書類に関して追加すべき注記事項を記載した表である。

(v) 事業報告　**事業報告**とは、会計に関する事項を含まないが、会社が事業年度ごとに作成するその営業の状況に関する報告書である。

(vi) 附属明細書　**附属明細書**は、計算書類・事業報告の内容に関する補足

事項が記載される。附属明細書は株主総会の招集通知に添付されない。

3 決　算

以上で説明した計算書類、事業報告、附属明細書（以下「計算書類等」という）は、事業年度毎に作成され、所定の機関によって監査・承認されたのち、関係者に開示される。これらの一連の手続を**決算**という。

(1) **監　査**　計算書類等は、会社法所定の機関による監査を受けなければならない（会社436条1項）。監査とは、これらの書類が会社の状況を適正に表示しているかを確かめ、その結果を、監査報告等を通して、利害関係者に伝達することによって行われる。

計算書類等の監査機関は、会計監査人設置会社か否かで異なる。会計監査人設置会社でない監査役設置会社では、計算書類、事業報告及びこれらの附属明細書は、監査役の監査を受けなければならない。ただし、監査役の監査の範囲を会計に関するものに限定する旨の定款の定めがある会社では、監査役の監査の権限は事業報告に及ばない。委員会型の会社では、監査委員会または監査等委員会が計算書類、事業報告及びこれらの附属明細書の監査を行う。

会計監査人設置会社では、計算書類及びその附属明細書は、監査役と会計監査人の監査を受けなければならない。事業報告とその附属明細書については、監査役の監査を受けなければならない。

取締役会設置会社では、計算書類等は、取締役会の承認を受けなければならない（会社436条3項）。

(2) **計算書類の確定**　取締役は、計算書類及び事業報告を定時株主総会に提出し、計算書類の承認を受け、事業報告の内容を報告しなければならない。株主総会において承認された計算書類は、剰余金の配当における分配可能額算定の基礎となる。取締役会設置会社では、株主に出席準備の機会を提供するため、定時株主総会の招集通知に際して、計算書類、事業報告及び監査報告を提供しなければならない。また、会社は、定時株主総会の2週間前から、これらの書類を会社の本店支店に備え置かなければならない。ただし、取締役会設置会社でかつ会計監査人設置会社において、法務省令で定める要件を満たす場合には、計算書類は定時株主総会において報告するだけでよい（会社計算135

条）。これらの会社においては、計算書類の適正性がある程度確保されている可能性が高いため、あえて会計の専門家でない株主の承認を要求する必要性が乏しいと考えられるからである。

(3) **公告等**　定時株主総会の終結後遅滞なく、会社はその貸借対照表を公告しなければならない（会社440条）。金融商品取引法上の有価証券報告書提出会社は、すでにこれらに相当する情報を公開しているため、以上の公告義務は免除される。

会社は定時株主総会の日から5年間、計算書類、事業報告、及びこれらの附属明細書等を本店に備えおかなければならない。また、それらの書類の写しを3年間、支店に備えなければならない。株主や会社の債権者、親会社の社員は、一定の要件の下で、会社に対してこれらの閲覧謄写請求をすることができる（会社442条）。

4　剰余金の分配

株式会社は、事業活動においてあげた利益をその出資者である株主に分配することをその本質とする営利企業である。会社が得られた利益を一定の手続に従い、株主に分配することを**剰余金の配当**という。剰余金の配当は、金銭のみならず、その他の財産でも行うことができる。

株式会社においては、株主は有限責任しか負わず、債権者は会社の財産からしかその債権を回収することができない。会社が得られた利益を無制限に株主に分配できるとなると、債権者がその債権を回収できなくなる可能性がある。そのため、会社法は、債権者保護のために、会社が株主に分配できる額及び手続について一定の規制を設けている。

(1) **手続**　会社は、原則として、剰余金の配当をするときは、そのつど、株主総会決議によって、株主に割り当てる財産の種類及び額など、必要な事項を決定しなければならない（会社454条）。ただし、一定の要件を満たす会社は、剰余金の配当の決定権限を取締役会に委ねることができる。

取締役会設置会社では、事業年度の途中に1度限り、取締役会の決議によって、配当財産を金銭とする剰余金の配当をすることができる旨を定款で定めることができる（会社454条5項）、これを中間配当という。また、次の3つの要

件をすべて満たす会社は、剰余金の配当権限そのものを取締役会に付与することができる。すなわち、①会計監査人設置会社であり、②取締役会の任期が1年以内の、③監査役会設置会社、指名委員会等設置会社又は監査等委員会設置会社は、計算書類の適正性が確保されており、かつ、年に1度は取締役への株主の信任を確認することができるため、剰余金の配当権限を取締役会に付与することが認められている。

(2) **分配可能額の制限**　会社が剰余金の配当をするには、会社の純資産額が300万円以上でなければならない。また、剰余金の配当は、**分配可能額**の限度内でなされなければならない。分配可能額の計算は、やや複雑であるが、剰余金の額を前提に算定される。

分配可能額は、以下のように算定される（会社461条2項）。

（①＋②）－（③＋④＋⑤＋⑥）

①　剰余金の額（1号）　②　臨時決算益（2号）　③　自己株式の帳簿価格（3号）　④　自己株式処分対価額（4号）　⑤　臨時決算損（5号）　⑥　法務省令に定めた額（6号）

さらに、分配可能額の前提となる剰余金の額は、以下のように算定される（会社446条）。

（⑦＋⑧＋⑨＋⑩）－（⑪＋⑫＋⑬）

⑦　その他資本剰余金＋その他利益剰余金（1号）　⑧　自己株式処分差損益（2号）　⑨　資本金減少差益（3号）　⑩　準備金減少差益（4号）　⑪　自己株式消却損（5号）　⑫　剰余金の配当（6号）　⑬　法務省令に定めた額（7号）

(3) **剰余金の配当の方法**　剰余金の配当の決議がなされると、配当財産の交付は基準日に株主名簿に記載された株主の住所等において行われる。分配可能額を超えて剰余金の配当等が行われた場合、会社は、金銭等の交付を受けた株主に対して、その返還を請求することができる。また、剰余金の配当を決定した取締役等は、会社に対して、連帯して、交付を受けた金銭等の帳簿価格に相当する金銭を支払う義務を負う（会社462条）。

5　資本金と資本制度

　会社法は、会社の債権者保護のために、資本金及び資本準備金を定めており、一定の手続を経なければ、会社がこれを自由に減少させることができない（会社447条ないし449条）。これを**資本不変の原則**という。

　剰余金の配当の際、会社の資産の額が負債と資本金と準備金の額を超えなければ、配当をすることができない。このように、会社には、資本金及び準備金の額に相当する額を常に会社の中に維持することを要求している。これを**資本維持の原則**という。

　株式の発行に際して、出資者が会社に対して払込み又は給付をした財産の額は、資本金の額とされる（会社445条1項）。ただし、そのうちの2分の1を超えない額は資本金とせず、資本準備金として計上することができる（同条2項・3項）。資本金の額は、取引の際、債権者が会社の規模や責任財産の参考となりうるため、貸借対照表に表示される事項であるとともに、登記事項にもなっている（会社911条3項5号）。そのため、会社法は、資本金及び準備金に相当する額が出資者から確実に拠出されることを要求している。これを**資本充実の原則**という。

7　定款変更

　会社は成立後、その定款の記載事項を変更・追加・削除することができる。これを定款変更という。会社の根本規則である定款を変更するには、原則として、株主総会の特別決議によらなければならない（会社466条・309条2項11号）。ただし、定款変更による株主への影響が特に大きい場合には決議要件がさらに加重され、反対に株主の利益を害するおそれのない場合には株主総会決議が不要とされるなど、一定の場合の例外がある。

　株主総会の決議要件が加重される場合として、株式に新たに譲渡制限の定めを設ける場合、組織再編により公開会社の株主が対価として譲渡制限株式を交付される場合、及び非公開会社において属人的定めをする場合には、株主総会における特殊の決議が必要である（会社107条1項1号・783条1項・804条1項・309条3項・109条2項・309条4項）。また、その発行する全部の株式に取得条項

を付す場合には、株主全員の同意が必要である(会社110条)。

反対に、株主総会決議が不要とされる場合として、種類株式を発行しない会社において、株式分割をする際に、発行可能株式総数を分割比率以下の範囲で増加させる場合(会社184条2項)、単元株式制度を採用する会社において単元株式数を減少させる場合、及び単元株式制度を廃止する場合(会社195条1項)がある。

このほか、2種類以上の株式を発行する会社が定款変更をすることによって、ある種類の株式を有する株主に損害を与える場合には、定款変更の株主総会決議に加え、その種類の株式を有する株主による種類株主総会の承認も必要である(会社322条1項1号)。

定款変更の効力は、当該定款変更を承認する株主総会決議によって定められた効力発生日がない場合には、株主総会の決議によって生じる。会社の設立後に行う定款変更は、設立時と異なり、公証人による認証を必要としない。

8 組織再編

1 総説

会社がその事業を継続していく上で、経営の合理化、効率化を図るために、不採算部門を切り離したり、反対に事業部門を拡大したり、あるいは会社同士が結合してグループ経営を行ったりすることが必要になることがある。会社法は、会社がこれらのことを効率的に行いうる方法についての規定を置いている。具体的には**合併、会社分割、株式交換・株式移転**など組織法上の行為によって行うことができる。これらの行為を**組織再編**という。このほか、取引法上の行為として、**事業譲渡**によって行うこともできる。

以下では、事業譲渡を説明した後、合併、会社分割、株式交換・株式移転について説明する。株式会社と持分会社の間でもこれらの組織再編行為を行えるが、当事会社の種類に関しては一定の制限がある。以下では、当事会社が株式会社である場合に限定して説明する。

2 事業譲渡

(1) 事業譲渡の承認機関　会社はその事業の一部又は全部を、取引法上の行為として他人に譲渡することができる。ただし、会社がその事業の重要な一部若しくは全部を他人に譲渡する場合や他の会社の事業の全部を譲り受ける場合等は、株主に与える影響が大きいことから、会社法は、これらの行為は原則として、株主総会の特別決議による承認を要求している（会社467条1項1号ないし4号）。これらの行為を事業譲渡という。事業譲渡についても、組織再編の場合と同様に、反対株主に株式買取請求権が与えられている（会社469条・470条）。ただし、事業譲渡のうち、株主に与える影響が軽微である場合、又は株主総会決議を行う意味がない場合には、株主総会の特別決議を要しない。

株主に与える影響が軽微である場合として、①譲渡する財産の帳簿価格が、譲渡会社の総資産額の5分の1以下であるときは、たとえ当該譲渡が事業の重要な一部の譲渡に当たるとしても、譲渡会社の株主総会の承認は不要であり、反対株主の株式買取請求権もない（簡易事業譲渡、会社467条1項2号括弧書）。②他の会社の事業の全部を譲り受ける場合であっても、その対価として交付する財産の帳簿価格の合計額が譲受会社の純資産額の5分の1以下であるときは、譲受会社の株主総会の承認は不要であり、原則として反対株主の株式買取請求権もない（簡易の事業譲受け、会社468条2項）。ただし、株主から一定期間内に総議決権の一定割合以上の、当該事業譲渡に反対する旨の通知があった場合は、株主総会を開催しなければならない（会社468条3項）。

株主総会決議を行う意味がない場合として、①事業譲渡の相手が譲渡会社の特別支配会社（ある株式会社の総株主の議決権の10分の9以上を保有する株式会社等をいう。）である場合は、譲渡会社における株主総会の承認決議を必要としない（略式事業譲渡、会社468条1項）。ただし、反対株主には株式買取請求権が認められる（会社469条・470条）。②他の会社の事業の全部を譲り受ける場合であっても、譲受けの相手が譲受会社の特別支配株主である場合は、譲受会社における株主総会の承認決議を必要としない（略式事業譲受け、会社468条1項）。ただし、反対株主には株式買取請求権が認められる（会社469条・470条）。

(2) 事業譲渡の意義　事業譲渡とは、判例によれば、一定の事業目的のため組織化され、有機的一体として機能する財産の全部又は重要な一部であって、

譲渡会社がその財産によって営んでいた事業活動を譲受人に受け継がせ、それによって譲渡会社が、法律上当然に会社法21条の競業避止義務を負担することになるものをいう（最大判昭40・9・22民集19・6・1600〔会社百選85〕）。

(3) **瑕疵のある事業譲渡**　事業譲渡の手続に瑕疵がある場合は、会社法はこれを争うための特別な手続を用意していないため、民法や会社法の一般的な規定によることとなる。判例によれば、株主総会決議を欠く事業譲渡は無効であり、譲渡会社だけでなく、譲受会社もその無効を主張することができる（最判昭61・9・11判時1215・125〔会社百選6〕）。

3　組織再編

(1)　組織再編行為

(i) **合併**　合併には**吸収合併**と**新設合併**がある。吸収合併とは、会社が他の会社とする合併であって、合併により消滅する会社の権利義務の全部を合併後存続する会社に承継させるものをいう（会社2条27号）。新設合併とは、1又は2以上の会社がする合併であって、合併により消滅する会社の権利義務の全部を合併により設立する会社に承継させるものをいう（同条28号）。

会社が合併を行うには、当事会社間で合併契約を締結し、原則として各当事会社の株主総会の承認を受けなければならない（会社748条・749条・753条）。合併の効力が生じると、消滅会社の権利義務の一切は、存続会社又は新設会社に包括的に承継される（会社750条1項・754条1項）。合併では、消滅会社は清算手続に入ることなく解散する（会社471条4号・475条1号）。消滅会社の株主は、存続会社又は設立会社から、合併契約に定められた合併の対価を受け取る。吸収合併では、合併の対価についての制限はないが、新設合併では、合併の対価は設立会社の発行する株式と社債等に限られる。合併は事業部門の拡大や業務提携などの手段として利用される。新設合併は、新設会社で新たに事業の許認可を得る必要があるため、実務では吸収合併のほうがより多く利用される。

(ii) **会社分割**　会社分割には**吸収分割**と**新設分割**がある。吸収分割とは、株式会社又は合同会社がその事業に関して有する権利義務の全部又は一部を分割後ほかの会社に承継させることをいう（会社2条29号）。新設分割とは、1又は2以上の株式会社又は合同会社がその事業に関して有する権利義務の全部又

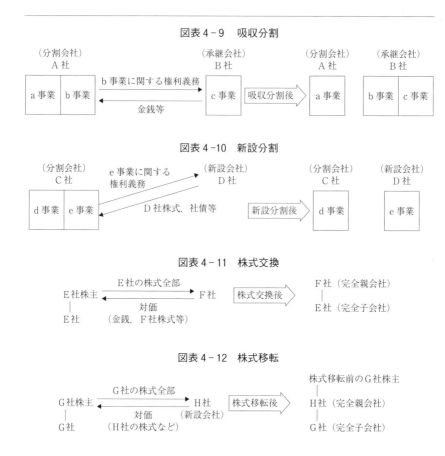

は一部を分割により設立する会社に承継させることをいう(同条30号)。

　会社が会社分割をするには、当事会社間で、吸収分割では吸収分割契約、新設分割では新設分割計画をそれぞれ締結、作成し、各当事会社の株主総会の承認を受けなければならない。会社分割の効力が生じると、承継会社又は設立会社は、吸収分割契約又は新設分割計画に従い、分割会社の権利義務を承継する。分割会社には、承継会社又は設立会社から分割対価が交付される。吸収分割では、分割の対価に特に制限はないが、新設分割の対価は設立会社の発行する株式や社債等に限られる。会社分割は不採算部門の切り離しやグループ企業の再編などの手段として利用される。

(iii) 株式交換・株式移転　**株式交換**とは、株式会社がその発行済株式の全部を他の株式会社又は合同会社に取得させることをいう（会社2条31号）。株式交換をするには、当事会社間で株式交換契約を締結し、原則として各当事会社の株主総会の承認を受けなければならない（会社767条・768条）。株式交換の効力が生じると、株式交換完全親会社は株式交換完全子会社の発行済株式を取得する（会社769条1項2項）。株式交換完全子会社の株主は、株式交換契約に定められた対価を受け取る。この対価については、金銭以外でもよく、特に制限はない。株式交換は、他社の完全子会社化の手段として利用される。

株式移転とは、1又は2以上の株式会社がその発行済株式の全部を新たに設立する株式会社に取得させることをいう（会社2条32号）。株式移転をするには、当事会社で株式移転計画を作成し、原則として各当事会社の株主総会の承認を受ける必要がある（会社772条・773条）。株式移転の効力が生じると、株式移転設立完全親会社は、株式移転完全子会社の発行済株式の全部を取得する（会社774条1項）。株式移転完全子会社の株主は株式移転契約に定められた対価を受け取るが、この対価は、株式移転設立完全親会社の発行する株式や社債に限られる。株式移転は、持株会社の形成に用いられ、企業結合に利用される。

(2) **組織再編の手続**　これらの組織再編行為について、会社法は承継型（吸収合併、吸収分割、株式交換）と新設型（新設合併、新設分割、株式移転）とに分けて規定を置いている。また、承継型組織再編では、契約で定めた効力発生日に効力が生じ、新設型組織再編では、設立の登記による設立会社の成立の日に効力が生じる。

これらの組織再編行為を行うには組織再編契約・組織再編計画を作成し、原則各当事会社の株主総会の承認を受けなければならない。組織再編契約・組織再編計画では、①当事会社の商号と住所（組織再編計画では不要）、②組織再編の対価、及びその割当てに関する事項（会社分割では不要）、③効力発生日（新設型組織再編では不要）、④資本金・準備金に関する事項（承継型組織再編では対価として存続会社等の株式を交付しない場合は不要）等、一定の重要な事項について定めなければならない。また、新設型組織再編の場合は、組織再編の過程において新たに会社を設立することとなるため、会社の設立に準じて一定の事項を定めなければならない。

このほか、会社分割では、合併と異なり、承継会社又は新設会社はその権利義務の全部又は一部を承継会社に移転することができるため、新設会社に移転する権利義務についても定める必要がある。また、会社分割において、分割会社が分割の対価として取得した承継会社又は設立会社の株式を、分割会社の株主に交付する場合は、その旨も定めなければならない。

組織再編契約や組織再編計画は、原則株主総会の特別決議によらなければならない。その前提として、株主が当該組織再編契約や組織再編計画の承認の検討を可能にするために、当事会社は、当該組織再編について一定の事項を記載・記録したものを本店に備え置かなければならない。また、株主総会決議において書面投票・電子投票を採用している会社では、株主総会参考書類として、以上の事項等が株主に開示される。承継型組織再編において承継会社の承継債務額が承継資産額を超える場合など、承継会社の取締役はその旨の説明をしなければならない（会社795条2項）。

(3) **反対株主の買取請求権**　組織再編は当事会社の株主の地位に重要な影響を与えうるため、会社法は、組織再編に反対する株主に会社から退出する機会を与えている。すなわち、反対株主は会社に対し、自己の株式を「**公正な価格**」で買い取ることを請求することができる（会社785条・797条・806条）。このような権利を、**反対株主の株式買取請求権**という。ただし、後述する簡易組織再編等、一定の場合には例外がある。

この株式買取請求権を行使するには、株主は当該組織再編を承認する株主総会に先立って、組織再編に反対する旨を会社に通知し、かつ、株主総会で実際に反対の議決権を行使しなければならない。株式買取請求権は、承継型組織再編では効力発生日の前の一定期間に行使されなければならない（会社785条5項・797条5項）。新設型組織再編では、消滅会社は、株主総会の承認決議後に、株主に対して組織再編に関する一定の事項を通知する・公告することになっている。反対株主は、この通知・公告の日から一定期間内に株式買取請求権を行使しなければならない（会社785条3項4項・797条3項4項・806条3項4項）。反対株主がひとたび請求権を行使すると、会社の承諾がなければこれを撤回できなくなる。

組織再編に反対する株主が株式買取請求権を行使すると、会社は当該株主の

> **コラム 4-13　公正な価格**
>
> 　「公正な価格」の算定方法については、会社法は別段定めておらず、裁判所の解釈に委ねられている。2005年（平成17年）改正前商法では、組織再編における株式買取請求権の買取価格は、当該組織再編の株主総会決議が「ナカリセバ其の有すべかりし公正な価格」と定めていた（2005（平成17）年改正前商法254の2）。これは、当該承認決議がなかったならば、株式が有していたであろう公正な価格という意味であり、組織再編の影響を受けない株式価格を株主に保障するものであった。しかし、組織再編で資源の集約等を通して相乗効果が得られる場合も多く、組織再編によって企業価値の増加がケースも少なくない。反対株主にも企業価値の公正な分配を保証する観点からは、組織再編によって企業価値が増加する場合は、むしろ組織再編の影響を加味した株式価格の算定方法が望ましいことから、会社法では、単に「公正な価格」に改められた。

有する株式を「公正な価格」で買い取らなければならない。この価格は、当事者間の協議によって決定するが、協議が調わないときは、裁判所に対して価格の決定の申立てをすることができる（会社798条2項・786条2項・807条2項）。

　公正な価格の算定の基準日については、判例は、買取請求の日を価格算定の基準日としている（最判平24・2・29民集66・3・1784〔会社百選87〕）。株式買取請求権に係る株式の買取りは、組織再編の効力発生日に、その効力を生ずる。

　(4)　**債権者異議手続**　　組織再編では、会社財産の流出や財務状況の変動によって、債権者の利益が害される場面がありうるため、会社法は、債権者が組織再編について異議を述べる手続を用意している。

　合併では、合併当事会社の一方の財務状況が悪いと、他方当事会社の債権者の利益が害されるおそれがある。そのため、合併当事会社の債権者は、合併に対して異議を述べることができる（会社789条1項1号・799条1項1号・810条1項1号）。

　会社分割では、分割会社から承継会社に移転する権利義務の内容は、当事会社間で自由に定めることができる。分割会社がその債務を承継会社に移転することによって、分割会社に請求できなくなる債権者は異議を申し立てることができる。このような会社分割では、承継会社に十分な財産がなければ、債権者

の利益が害されるからである。反対に、分割会社に対してなお請求できる債権者は異議を申し立てることはできないが、2014（平成26）年会社法改正においては、当該会社分割によってその利益を害される債権者は、承継会社に対して承継財産を限度として債務の弁済を請求することができるようになった（会社759条4項・764条4項）。他方、承継会社の債権者にとっては、当該債務を承継会社が引き受けることによって承継会社の財産状況が悪化する場合がある。このため、合併と同様、承継会社の債権者も異議を申し立てることができる。

このほか、分割会社が承継会社から受け取った分割の対価である承継会社の株式を株主に分配する場合は、分配可能額の制限を受けない代わりに、債権者が異議を申し立てることができる。また、分割会社が債権者を害することを知りながら、承継会社に権利義務を移転する場合に、民法上の債権者の詐害行為取消権の行使対象にもなる。

株式交換と株式移転では、会社財産が流出する場面が限定的であるため、債権者が異議を申し立てることができる場面も限定的である。株式交換の場合、対価として完全親会社の株式以外のものが交付される場合、交付する完全親会社の財産が多額であると、完全親会社の財産状況が悪化するおそれがあることから、完全親会社の債権者は異議を申立てることができる（会社799条1項3号）。また、株式交換において、完全子会社が発行している新株予約権付社債を完全親会社が承継する場合には、完全親会社の金銭債務が増加するため、完全親会社の債権者は異議を述べることができる（会社799条1項3号）。当該社債権者は、新株予約権付社債の発行会社である完全子会社に対して異議を申し立てることができる（会社789条1項3号）。株式移転の場合においても、同様である。

債権者が異議申し立てをすることができるように、当事会社は組織再編に関する一定の事項と一定の期間内に異議を述べることができる旨を官報に公告し、かつ、知れている債権者には各別に催告をしなければならない。一定の場合には、定款所定の公告方法をもってこの個別の催告に代えることができる。

所定の期間内に、異議を申し立てた債権者については、会社は当該債権者に債務の弁済、担保の提供、又は弁済目的で相当の財産を信託しなければならない。これに対し、所定の期間内に異議を申し立てなかった債権者は、組織再編

> **コラム4-14　詐害的な会社分割**
>
> 　会社分割では、分割会社が優良部門を新設会社ないし承継会社に移転することによって、会社債権者の利益が害される場合がある。例えば、債務超過に陥った甲社が、債務の返済を逃れるために、新設分割を行い、乙社を新たに設立し、これからも将来性のある甲社の事業部門を乙社に移して、引き続き従前どおりの事業を行う。甲社には不採算部門と債務しか残っていない。そうすると、甲社には再建可能な事業や債務返済のための財産がなくなるため、甲社の債権者はその債務を実質回収することができなくなるが、債権者異議手続を申し立てることができない。2014（平成26）年会社法改正で債権者の直接請求権が制定される前は、このような詐害的な会社分割に対して、判例は、詐害行為取消しについて定めた民法424条を適用することによって、利益を害された債権者の救済を図って来た。

を承認したとみなされる。

　(5)　**瑕疵のある組織再編**　　組織再編の効力が生じると、これに基づいて様々な法律関係が形成される。組織再編の手続に瑕疵がある場合、一般原則に従い、誰でもいつでも無効を主張できるとすると、法的安定性が害される。そこで、会社法は、組織再編の効力が生じる前に、組織再編を差し止める制度と、効力が生じた後に無効の訴えの制度を用意している。

　組織再編が法令または定款に違反する場合に、簡易組織再編を除き、株主が不利益を受けるおそれがあるときは、株主は会社に対し、当該組織再編をやめることを請求することができる（会社784条の2第1号・796条の2第1号・805条の2）。略式組織再編では、対価が著しく不当の場合も差止めの事由となる（会社784条の2第2号・796条の2第2号）。

　組織再編の効力が生じた後は、組織再編の無効の訴えによらなければ主張できない（会社828条1項7号ないし12号）。当該訴えの原告適格は、株主等一定の者に限られる（同条2項7号ないし12号）。また、効力発生日から6ヵ月経過すれば、無効の主張ができなくなる。無効判決が確定したときは対世効を有し、遡及効が制限される（会社838条・839条）。

　無効原因については、会社法に定めがなく、一般に、株主総会の承認決議における著しい手続の違反や債権者異議手続の欠缺など、重大なものに限られ

る。また、判例によれば、対価の不公正などは、組織再編の無効原因とはならない（東京高判平2・1・31資料版商事法務77・193）。

(6) **簡易組織再編と略式組織再編**　組織再編行為が株主に与える影響が軽微である場合にも株主総会決議が必要となると、組織再編行為が迅速に行えないおそれがある。そこで、会社法は、組織再編行為の対象会社が小規模な場合など、株主総会決議を省略できる場合を定めている。

承継型組織再編の承継会社が交付する対価の額が当該会社の純資産額の5分の1を超えない場合、原則として当該会社の株主総会の承認は要しない（簡易組織再編、796条2項）。

また、承継型組織再編において、一方の当事会社が他方の当事会社の特別支配会社である場合には、当該他方の当事会社の株主総会を開いても、その結果は明らかであるため、当該承認決議は要しない（略式組織再編、会社784条1項・796条1項）。ただし、一定の場合には、株主は差止請求ができる（会社784条の2・796条の2）。

9　解　散

1　解　散

会社がそのすべての事業活動を終了し、法人格を消滅させることを**解散**という。合併における消滅会社を除き、会社は解散によって直ちにその法人格は消滅せず、**清算**等一定の残務処理を行った後にその法人格が消滅する。

会社の解散事由には、①定款で定めた存続期間の満了、②定款で定めた解散の事由の発生、③株主総会の決議、④合併によって消滅会社となる場合、⑤破産手続開始の決定、⑥解散命令又は解散判決がある（会社471条各号）。このほか、登記が12年以上更新されない休眠会社については、みなし解散の制度がある。

上記解散事由の①〜③については、清算が結了するまでの間、株主総会の特別決議によって会社を継続することができる（会社473条・309条2項11号）。

2 清　算

　清算とは、会社の法律関係を整理し、債務の弁済と残余財産の分配を行い、法人格を消滅させる手続をいう。会社が解散したあと、清算手続に入り、清算手続の結了によって、その法人格が消滅する。会社は、解散のほか、設立無効の訴えに係る請求を認容する判決が確定した場合、及び株式移転の無効の訴えに係る請求を認容する判決が確定した場合も清算しなければならない（会社475条）。清算には、**通常清算**と、倒産手続の１つとして、裁判所の監督を受ける**特別清算**（会社510条ないし574条）があるが、以下では通常清算についてのみ説明する。

　(1) **清算株式会社の機関**　　清算をする株式会社は、会社の残務を処理し、債権者に債務を返済し、その後になお財産が残っていれば、株主に分配する。これらの事務が完了すれば、清算株式会社の法人格が消滅する。これらの清算事務は、清算人又は清算人会が行う。会社が清算手続に入ると、取締役はその地位を失い、１人又は２人以上の清算人を置かなければならない。取締役がそのまま清算人の地位に就くことが多いが、定款で定める者又は株主総会の決議によって選任された者も清算人になることができる（会社478条１項）。清算人は、現務の結了、債権の取立て及び債務の弁済、残余財産の分配を行う（会社481条）。会社は、清算に入る前の機関設計にかかわらず、任意で３人以上の清算人からなる清算人会を置くことができる。清算株式会社の業務範囲が限定的であるため、このような規定になっている。ただし、清算株式会社は監査役会を置く場合は、監査する側と監査される側との人数のバランスから、清算人会を置かなければならない。清算株式会社の業務の執行者及び業務執行の決定は、取締役会設置会社の規定に準ずる（会社482条）。

　清算株式会社の機関については、株主総会はそのまま存続する。このほか、監査役については、清算の開始原因が生じたときに、清算株式会社が公開会社又は大会社であった場合は、監査役を置かなければならない（会社477条４項）。このような会社では、債権者等、会社の利害関係者が多数に上ると考えられることから、清算人の職務が適正に行われていることを確保する必要が高いためである。監査役会については、清算会社の定款の定めによって任意に置くことができる。

反対に、取締役、取締役会、会計参与、会計監査人、監査等委員会及び指名委員会等は、置くことができない。清算株式会社の事務は清算目的に限定されるため、複雑な機関設計は不要とされる。

(2) **清算事務**　　清算人は、清算事務として、会社の取引関係を含め、現在の業務を完了させ（現務の結了）、債権の取立て及び債務の弁済を行い、その後でなお財産が残っていればこれを株主に分配（残余財産の分配）しなければならない（会社481条）。

これらの清算事務の前提として、清算人は会社の財産状況を把握しなければならない。清算人は、その就任後遅滞なく、清算原因の発生日における清算株式会社の財産状況を調査し、財産目録及び貸借対照表を作成し、株主総会の承認を受けなければならない。

債権者の弁済については、清算株式会社のすべての債権者が公平に弁済を受けられるよう、会社法上一定の手続が要求されている。清算株式会社は、清算の開始原因が生じた後、遅滞なく、債権者に対して、一定期間内に債権を申し出るべき旨を官報によって公告し、かつ、知れている債権者には、これを各別に催告しなければならない（会社499条1項）。この期間内に債権を申し出ない債権者は清算から除斥される（会社503条1項）。また、債権者への公平な弁済を保証する趣旨から、この期間内において、原則債務の弁済をすることができない。

以上の債務の弁済をした後で、会社になお財産が残っているときは、これを株主に分配する（会社504条）。

(3) **清算決了**　　以上の清算事務がすべて終了したときは、清算人は、遅滞なく決算報告を作成し、株主総会の承認を受けなければならない（会社507条）。これにより、清算は結了し、清算株式会社の法人格は消滅する。清算結了に関する株主総会の承認の日から2週間以内に、清算結了の登記をしなければならない。清算結了の登記後も、その後の紛争に備えるために、10年間清算株式会社の帳簿等その事業及び清算資料などの重要資料を保存しなければならない（会社508条）。

5章 手形法

「商法入門 第5章 手形法」では、手形・小切手の意義・機能を概観したうえで、主として約束手形に関する法律関係を説明する。

手形法は、第一編に為替手形、第二編に約束手形を規定する。第二編は第一編の規定を大幅に準用している。条文の引用は、例えば善意取得であれば、手形法77条1項1号・16条2項、人的抗弁については、手形法77条1項1号・17条と表記すべきところ、簡略のため原則として、手形16条2項、手形17条のように表記する。

I 手形・小切手の意義・機能

1 支払・信用の手段

手形及び小切手は、主に金銭支払の決済手段として用いられる有価証券である。有価証券とは、私法上の財産的価値を有する権利を表章する証券であり、権利の移転又は行使に証券を必要とする。手形には、約束手形と為替手形がある。振出人が基本手形を作成し、受取人に交付する。受取人が、さらにこれを裏書して、自己の代金支払の決済のために用いることもできる。約束手形の当事者は、振出において通常、振出人と受取人であるが、為替手形の場合は振出人、受取人、支払人である。為替手形は、外国への送金手段として用いられることが多い。国内の手形取引には、もっぱら約束手形が用いられる。

約束手形は、一定の金額の支払いを約束する**支払約束証券**である（手形75条2号・3号）。為替手形及び小切手は、一定の金額の支払を委託する**支払委託証券**である（手形1条2号、小切手1条2号）。手形は、いずれも満期（手形33条）まで支払いを繰り延べるために振り出される信用証券・支払証券である。

図表 5-1　手形の交換決済

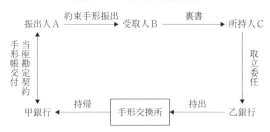

小切手は、現金に代えて銀行を支払人として（小切手3条）振り出される支払証券である。小切手は引受けが禁止され、引受けの記載をしてもしなかったものとみなされる（小切手4条）。小切手の信用証券化を防止するためである。

2　約束手形の流通

(1) **当座勘定（取引）契約**　銀行を支払担当者としない約束手形を振り出す場合には、振出人は、支払呈示期間に営業所・住所で待機していなければならない（商516条）。手形所持人としても、このような手形の支払いを受けるために、満期が同じ複数の手形に記載してある支払場所に、支払呈示期間に手形を支払呈示しなければならない。しかしそれは現実的・合理的ではない。そこで手形を振り出す者は、手形交換所加盟銀行と**当座勘定契約**を締結し、銀行を支払場所・支払担当者として、基本手形を作成し振り出すのが普通である（第三者方払文句）（手形4条）。銀行が交付する**統一手形用紙**には、予め支払担当者となるべき銀行の営業所が支払場所として印刷されている。

当座預金は手形・小切手の支払いに関する委任事務処理に必要な資金の前払いであると解されている（民649条）。当座勘定契約は、取引先が当座預金の残高の範囲内で自己の振出した手形・小切手の支払いその他の事務処理を委託する委任・準委任の契約である（民643条・656条）。当座勘定契約は、全国銀行協会の作成した「当座勘定規定ひな型」に沿った当座勘定規定に従い締結される。

(2) **約束手形の交換決済**

(i) Aが、売買代金の支払いなどのためにBに約束手形を振り出す。銀行を

支払場所とする手形を振り出すためには、当座勘定契約を締結し銀行所定の手形を使用して手形を振り出す。受取人Bは、さらに自己の代金支払いのために手形をCに裏書譲渡することもできる。

(ⅱ) 手形の所持人Cは、手形金を取り立てるために、支払場所・支払担当者である甲銀行に手形の支払呈示をする。店頭呈示は、交通費がかかり時間的にも多数の手形の決済としては合理的でない。通常、Cは、自己の取引銀行である乙銀行に取立委任をする（手形18条）。

(ⅲ) 乙銀行は、手形を手形交換所に持ち出し、甲銀行がこれを持ち帰る（手形38条2項）。手形交換所において、甲銀行、乙銀行、その他加盟銀行は、手形の交換尻を計算する。持出手形金額をプラス、持帰手形金額をマイナスとして、すべての手形の差額を計算する。トータルがプラスのとき、交換尻「勝ち」、マイナスのときは「負け」という。すべての加盟銀行の「勝ち」の合計金額と「負け」の合計金額は当然一致する。交換尻の決済は、日本銀行本支店又は幹事銀行に開設してある各銀行の当座勘定の振替えによって行われる。手形の交換尻決済の完了であり、手形の交換決済の完了を意味する。

(ⅳ) 銀行間の交換尻決済の後に、甲銀行はAの当座預金口座から手形金額を引き落とし、乙銀行はBの当座預金口座に同額を入金する。Aの当座預金が資金不足のときは、手形の支払いはできない。このような手形を不渡手形という。不渡りの場合、甲銀行は、手形に不渡付箋を貼り、手形交換所を経由して持出銀行である乙銀行に返還する。乙銀行は、通常、無担保裏書（手形15条1項）をして手形をCに返却する。

3　手形による送金

手形及び小切手は、銀行振込、郵便振込など従来から用いられている方法とともに、商取引の代金決済として広く用いられている。手形を支払いのために用いる場合は、約束手形を用いるのが普通である。為替手形を自己宛（手形3条2項）で振り出すことにより、約束手形と同じように使うことができる。外国への送金は、電信送金（Telegraphic Transfer：T/T）、普通送金（Mail Transfer：M/T）、送金小切手（Demand Draft：D/D）などが一般的である。そもそも手形・小切手は、現金の支払いや運搬に盗難、紛失などの危険が伴うことから

図表5-2 為替手形による送金

用いられるようになったのであるが、手形や小切手を送付する場合も同様の危険が伴う。

為替手形を送金の手段として用いる方法を見てみよう。甲地の買主Aが、遠隔の乙地の売主Bとの間における売買契約の代金を支払うため、甲地のC銀行に、現金を払い込むことにより、乙地におけるC銀行の支店（またはコルレス銀行）を支払人とする為替手形を振り出してもらい、これを乙地のBに送付する。Bは、C銀行の支店・取引銀行から手形の支払いを受ける。Aは、為替手形を利用することにより、遠隔地のBに送金したのと同じ効果を得ることができる。これを**送金為替**という。資金の移動と手形の移動の方向が同じであるから、並為替又は順為替という。

2　手形行為

1　手形行為の意義

約束手形の手形行為には、**振出**、**裏書**、**保証**がある。為替手形の場合は、これらに**引受け**と**参加引受け**が加わる。振出を**基本的手形行為**、その他を**付属的手形行為**という。手形行為は、責任の所在を明らかにするため、手形要件として行為者の署名が必要である（手形75条7号・77条1項1号・13条1項・77条3項・31条2項・25条・57条）。署名は記名捺印でもよい（手形82条）。

2　手形の法的性質

手形は、証券の記載事項が法定されている厳格な**要式証券**である（手形1

条・75条)。手形所持人は、手形上の権利を行使するために、手形債務者に対して証券を**呈示**しなければならない(手形38条)。手形債務者は、受取の記載をして交付することを請求することができる(手形39条)。

　さらに次に見るように、手形は**無因証券**である。これに対して、手形の作成と権利移転の場面を区別する**移転行為有因論**がある。また手形は、証券上の記載を意思表示の内容とする**文言証券**であり、証券の作成によってはじめて手形上の権利が発生する**設権証券**である。例えば株券は、文言証券でもないし設権証券でもない。

　(1)　**無因証券性**　　手形は無因証券である。手形行為は、その行為をする原因となった行為とは、別個独立の行為である。そのために、手形行為は、原因関係の無効や取消しによる消滅によって影響を受けない。AB間の売買契約において、Aが売買代金の支払いのために約束手形をBに振り出し、その後、Aが手形振出の原因関係である売買契約を解除した場合を考えてみよう。手形行為が無因性を有するため、原因関係である売買契約が解除されても手形の振出は有効である。原因関係の消滅によって、AからBに移転した手形上の権利はAに復帰しない(最判昭43・12・25民集22・13・3548〔手形小切手百選36〕)。もちろんBは、手形金の支払いを受けることができない。直接の当事者間において、原因関係は人的抗弁として主張することができるからである(手形17条)。Aは、Bの手形金請求に対して、売買契約の解除を人的抗弁として主張することにより、その請求を拒むことができる。

　次に、Aから約束手形を受け取ったBがCに手形を裏書した後に、Aが売買契約を解除したとしよう。手形行為が原因関係の解除などその消長に影響されることがないとするならば、依然として、Cは手形の権利者である。Bから裏書により手形を譲り受けたCが手形上の権利を行使することができるか否かは、AのBに対する抗弁がCに対抗できるかまたは制限されるかという問題になる(手形17条但書)。すなわち悪意のCは保護されない。Cが手形を受け取るとき契約が解除されることを知っていたときは、AはCの手形金請求をBに対する人的抗弁を主張して拒むことができる。

　(2)　**文言証券性**　　手形は文言証券である。手形行為は、手形上の記載を意思表示の内容とする法律行為である。手形に記載される文言により、権利の内

> **コラム 5-1　移転行為有因論**
>
> 　手形上の権利は、法律上の原因関係に基づいて移転するという理論である。債務負担行為は無因であるが、振出・裏書などの移転行為は有因であると解する創造説の基礎をなす。移転行為有因論によると、原因関係が、取り消されまたは無効であるとき、あるいは原因関係が解除により消滅したときは、手形上の権利は移転しなかったことになる。
>
> 　AB間の売買契約の代金支払いのために、AがBに約束手形を振り出した後に、AがBの債務不履行を理由に売買契約を解除したとしよう。Bは、もはや手形を所持する権限を有しないことになり、手形をAに返還しなければならない。
>
> 　移転行為有因論によると、売買契約の解除により、AからBに移転した手形上の権利がAに復帰する。それゆえBがその手形をCに裏書譲渡した場合には、Cは無権利者から手形を譲り受けていることになる。Cが手形上の権利を行使することができるか否かは、Cが手形上の権利を善意取得することができるかという問題になる（手形16条2項）。

容が明確でなければならない。手形の文言証券たる性質上、手形上の表示から、手形の振出が法人のためにされたものか、代表者個人のためにされたものか判定しがたい場合においても、手形外の証拠によって決することは許されない。判例は、「このような場合には、手形取引の安全を保護するために、手形所持人は、法人および代表者個人のいずれに対しても手形金の請求をすることができ（る）」と判示する（最判昭47・2・10民集26・1・17〔手形小切手百選4〕）。

(3) **設権証券性**　手形・小切手は設権証券である。設権証券とは、証券の作成がそこに表章される権利の発生要件である証券をいう。証券の作成がない限り、手形・小切手上の権利は発生しない。これに対して、株券は、株式発行によりすでに発生している株主の会社に対する権利である株式を表章する証券であるから、非設権証券である。手形学説により、手形を作成し特定の相手方へ交付又は発行することにより手形上の権利が発生すると解する説がある。同様のことは小切手にもあてはまる。これらの見解によると、証券の作成は、証券に表章される権利の発生要件ではあるが、それだけでは、まだ権利の発生はないことになる。

3 手形行為独立の原則

(1) **総説**　約束手形の手形行為には、振出、裏書、保証がある。振出は、基本手形の作成・交付であり、他の手形行為を前提にしないが、裏書・保証は、他の手形行為を前提にする。手形流通の過程において、先行する手形行為が無効である場合には、それを前提にする手形行為も無効であると考えられる。しかし方式に瑕疵のない手形に署名した者は、手形行為独立の原則により、先行する手形行為が制限行為能力者の署名、偽造の署名、仮設人の署名その他の事由により実質的に無効の場合において、その影響を受けずに独立して手形債務を負担する（手形7条）。

理論的根拠としては、手形流通保護の観点から、外観上瑕疵のない実質的な瑕疵に限り、手形に署名した者の責任を独立に認めるとする**政策説**がある。しかし、手形行為は、その文言性により、手形の記載を意思表示の内容とするから、手形債務負担の意思表示の記載・署名による当然の結果である。基本的手形行為の基礎として方式に瑕疵のない手形（手形1条・2条）が、裏書、保証などの付属的手形行為の前提であるから、手形行為独立の原則の適用範囲は、先行する手形行為が実質的に無効の場合に限定される。

(2) **手形行為独立の原則と裏書**　Aから約束手形を受け取ったBがCに手形を盗取され、CがB・C間の裏書を偽造してこれをDに裏書譲渡した場合を考えてみよう。結論的には、裏書にも手形行為独立の原則が適用される。

裏書は、手形に記載された文言による、債務負担の意思表示に基づく法律行為であり、その効果として担保責任が法定されている（手形15条1項）。そしてBの第一裏書が偽造などにより無効の場合においても、手形行為独立の原則により、第二裏書をしたCは、裏書人としての義務を免れない。すなわちCの被裏書人D及びその後者が、Cに償還請求できるのは当然である。これに対して、民法の一般原則によれば、Bの裏書が無効なとき、その地位を承継するC、D、その他後者の手形行為は無効である。この場合、裏書に手形行為独立の原則を認めないならば、無権利者であるCの被裏書人D及びその後者は、Cに償還請求できない。これを手形流通保護の観点から認めるのが政策説である。

4　手形上の権利義務関係の発生時期

　手形行為は、手形上の記載を意思表示の内容とする法律行為である。そして手形行為は、相手方のある法律行為であるから、振出人がその意思に基づいて手形を特定の相手方に交付することにより発生する。これは手形行為を契約と同様に双方的な法律行為であると考える。手形行為を契約と考える**交付契約説**の考え方である。これに対して、**創造説**は、手形上の権利は、手形の作成によってのみ発生すると考える。手形行為を単独行為と考える立場である。しかし振出人のする手形の作成によって発生した権利が、手形債務者である振出人に帰属することになることが、法律構成として批判されることがある（民179条1項参照）。

　次に、例えば手形が受取人に交付される前に盗取され流通した場合が問題である。交付契約説によると、交付のない手形は、まだ権利が発生していないからである。手形の取得者は、そもそも手形上に権利が表章されていない手形により、手形金を請求することができるかということである。しかし手形による債務負担の意思で手形に署名した者が、事情を知らずに善意で手形を取得した者に対して、手形上の権利が発生していないことを理由として、手形金の支払いを免れることができるかということも問題である。このような場合には、善意かつ無重過失で手形を取得した者は、手形流通保護の観点から、振出人に対して手形金の請求ができると解すべきである。判例（最判昭46・11・16民集25・8・1173〔手形小切手百選8〕）は、手形上の権利の発生時期を問題とすることなく、振出人は善意・無重過失の手形取得者に対して手形債務を負うと判示する。

5　他人による手形行為

　(1)　**総説**　振出、裏書その他手形行為は他人に行わせることができる。民法の一般原則によると、代理人は、本人のためにすることを示して（顕名主義）、本人の代わりに法律行為をすることにより、その法律効果が本人に帰属する（民99条1項）。手形行為も代理人により行うことができる。株式会社の代表取締役が会社代表者として手形行為をすることができる。商法は、代理人が本人のためにすることを示さなくても、代理人の行為の効果が本人に対して帰属すると規定する（商504条）。しかし手形は、その文言証券性により、手形上の記載により権利義務関係が定まるのであるから、手形上に代理関係が記載さ

図表 5-3　他人による手形の記載例

代理・代表による手形行為
　　A代理人B　㊞　　　　　　A株式会社代表取締役B　㊞

機関方式による手形行為
　　A　㊞　　　　　　　　　　A株式会社代表取締役B　㊞
　（Bが記名捺印する。）　　　（Cが記名捺印する。）

れていない手形行為は、その法律効果が本人に帰属することはない。手形行為は、権限を付与した者に代行させることもできる。いわゆる**機関方式**による手形行為である。

　本人から代理又は代行の権限を付与された者が、手形行為をすることは適法な行為として、本人にその行為の効果が帰属する。しかしそのような権限を付与されていない者が、手形行為をすることがある。権限を付与されていなくとも相手方からすると、代理権が存在するように見えることもある。このような場合は、表見代理（民109条・110条・112条）として、狭義の無権代理（民113条・117条）とは異なり、本人にその責任を負わせることが適当である場合がある。あるいは権限を付与されていない者が、手形の偽造者として、責任を負うべき場合もある。

　(2)　**手形行為の代理**　　代理人として手形行為した者に代理権がなく、または代理権の範囲を越えて手形行為をした場合には、代理人がその責任を負う（手形8条・77条2項）。無権代理の場合は、本人は責任を負わない（民113条・117条）。また民法の表見代理の規定（民109条・110条・112条）は、手形行為に適用がある。法人の代表機関による手形行為の場合も同じである。判例は、手形行為の場合も表見代理の規定にいう第三者とは、代理行為の直接の相手方に限るとする（最判昭36・12・12民集15・11・2756〔手形小切手百選10〕）。しかし通説は、手形取引の安全を確保するため、第三者とは、代理行為の直接の相手方に限らず、第三取得者を含むと解する。そして無権代理と表見代理の関係に関して、判例（最判昭33・6・17民集12・10・1532〔手形小切手百選11〕）は、表見代理は善意の相手方を保護する制度であるとした上で、「所持人としては、表見代理を主張して本人の責任を問うことができるが、これを主張しないで、無権代理人

に対し手形法 8 条の責任を問うこともできる」と判示した。

(3) **手形の偽造** 手形の偽造とは、手形行為の主体を偽る行為である。手形上の権利内容を書き替えるのではない点において、手形の変造とは異なる。本人から代理権を与えられていない者によって行われる機関方式の手形行為である。学説は、代理権限のない者が代理方式で手形行為をする場合を無権代理とし、権限のない者が機関方式で手形行為する場合を偽造として形式的に分類している。判例は、後者の場合において、行為者が本人のために行為する意思をもってするときは無権代理であると判断しているとする見方がある。しかし判例における偽造と無権代理の区別が、そのような基準によっているのかというと、必ずしも明確ではない。

無権代理の場合には、手形上に行為主体が表示されているが、偽造の場合は、実際の行為主体が手形上に表示されていない。手形の文言証券性からするならば、この点において偽造者に責任を負担させる理由がない。しかし手形上の名義人が責任を負うかのような行為をしておきながら、なんら責任を負わないとするのは衡平の観点から問題である。手形偽造者は、手形法 8 条の類推適用により責任を負うべきである。手形法 8 条は、無権代理に関する規定であるが、名義人本人が手形上の責任を負うかのように表示したことに対する担保責任であって、偽造の場合も手形上の行為者が手形責任を負うかのような表示をしている点において、無権代理の場合と同じだからである（最判昭49・6・28民集28・5・655〔手形小切手百選17〕）。

3 手形の振出

1 振出の意義・効力

約束手形の振出は、振出人が支払約束文句、署名その他の手形要件を記載してこれを作成し交付することにより行われる。約束手形の振出人は、満期において手形金額を支払う義務を負う（手形78条・28条1項）。約束手形の振出人の義務は、第一次的・無条件の義務である。裏書人の義務が、支払人が支払拒絶をしたとき、二次的に償還義務を負うのとは異なる。約束手形の裏書人は、償還義務を履行して手形を受け戻したときは、自己の前者に次々と遡求し、振出

図表 5-4　統一手形用紙

①約束手形文句（手形75条1号）　②-1手形金額　②-2支払約束文句（手形75条2号）　③満期（手形75条3号）　④支払地（手形75条4号）　⑤受取人（手形75条5号）　⑥-1振出日　⑥-2振出地（手形75条6号）　⑦署名（手形75条7号・82条）　⑧支払場所（手形4条）

人が最終的に手形金額の支払義務を負う。

2　基本手形

　振出のために作成される手形は、その後に行われる他の手形行為の基礎となることから、基本手形という。基本手形の記載事項としては、**手形要件**とそれ以外の事項がある。手形要件は、絶対的要件であり、手形法に規定されている（手形75条）。手形要件を欠く手形は無効であるが、その例外が規定されている（手形76条）。手形要件を白地にして、後日、補充させる意思で署名する白地手形は有効である。

　①　約束手形文句（手形75条1号）　この手形が約束手形であることを示す文字をいう。統一手形用紙の証券の文言中に予め記載されている。

　②　手形金額・支払約束文句（手形75条2号）　手形金額は、一定していなければならない。1万円又は2万円といった選択的な記載や3万円と4万円の合計額という重畳的記載も許されない。文字と数字による金額の重複記載は文字が優先し、いずれかにより記載した金額に差異があるときは金額の小さい方が優先する（手形6条）。

　支払約束文句とは、一定の金額を支払うべき旨の単純なる約束である。統一

手形用紙に印刷されている「上記金額をあなたまたはあなたの指図人へこの約束手形と引き換えにお支払いいたします」という文言がそれである。

③　満期（手形75条3号）　手形金額の支払われるべき期日のことをいう。満期の種類には、確定日払、日付後定期払、一覧払、一覧後定期払の4種類がある（手形33条）。満期と「支払ヲ為スベキ日」（手形38条1項）とは、必ずしも一致しない。満期が休日（手形87条）のときは、これに次ぐ第一取引日が「支払ヲ為スベキ日」である。満期の記載がない手形は、白地手形でない限り、一覧払手形とみなされる（手形2条2項）。ただし一覧払手形については、その支払呈示は取引日にしかなしえないから、支払呈示の日が満期日であり支払いをなすべき日である。

(イ)　確定日払　手形に支払期日として、「平成3年2月1日」というように、特定の日付を記載したものである。大部分の手形は、これである。月の始、月の央（なかば）、月の終という記載は、その月の1日、15日、末日が満期である（手形36条3項）。

(ロ)　日付後定期払　振出日から手形に記載した一定の期間を経過した日を満期とする。「日付後2ヶ月半」などと手形に記載する。期間の計算方法については、手形法に規定がある（手形36条1項・2項・4項・5項）。手形の記載から特定の日が満期であることがわかるから、実質的に確定日払と同じである。

(ハ)　一覧払　一覧の日（支払呈示があった日）を満期とする。支払呈示は、振出日から原則1年とする法定の期間内にしなければならない（手形34条1項）。振出人は、これを短縮・伸長でき、裏書人は、期間を短縮できる。

(ニ)　一覧後定期払　一覧のために手形を呈示した日から一定期間を経過した日を満期とする。「一覧後10日払い」などと手形に記載する。一覧のための呈示は、振出日から原則1年とする法定の期間内にしなければならない（手形23条）。振出人は、これを短縮・伸長でき、裏書人は、期間を短縮できる。

④　支払地（手形75条4号）　支払いをなすべき地のことであり、一定の地点である支払場所を含む地域のことである。地域は最小独立行政区画である。約束手形の支払いは、振出人の現在の営業所又は住所でなされるのが原則である（商516条2号）が、支払地が手形要件とされているのは、支払場所の探索を

容易にするためである。

　⑤　受取人（手形75条5号）　　人、法人又は組合の名称でよい。法人の場合は、代表者の氏名の記載は必要でない。組合の場合は、独立の権利能力がないため無効ではなく、総組合員を表示するものとして有効である。無記名式又は「A殿または持参人に」というような選択無記名式（小切手5条2項参照）の記載は認められない。

　⑥　振出地・振出日（手形75条6号）　　手形が振り出された地域として手形に記載されている地域である。振出地は、支払地又は振出人の住所地の記載がないときは、支払地又は振出人の住所地とみなされる（手形76条3項）。振出地の記載がない手形は、「振出人ノ名称ニ附記シタル地」において振り出されたものとみなされる（手形2条4項）。

　⑦　署名（手形75条7号）　　署名とは、自己の名称を手書きすることである。記名捺印でもよい（手形82条）が、捺印のみの場合は有効ではない。誰が手形行為者として署名し責任を負うかということを知ることができなければならない。名称は、戸籍上の氏名や商号に限らず、通称、雅号、芸名でもよい。他人による署名の代行については、署名を代理することの権限が与えられている者のする署名を有効とする判例があることについては、すでに見たとおりである。ゴム印や印刷などで記名する場合には、個性がなく行為者を特定することができないため、これとは別に個性のある捺印を必要とする。捺印は、行為者の印章として使用されているものであれば、日常取引のために用いられていなくてもよく（大判昭8・9・15民集12・2168）、三文判でもよいし、イモ判でもよい。拇印については、判例はこれを認めない（大判昭7・11・19民集11・2120）。

　手形の記載事項には、手形要件以外に、手形に記載することによってその効力が認められるものがある。これを**有益的記載事項**という。振出人の肩書地（手形76条4項）、**第三者方払文句・利息文句**（手形77条2項・4条・5条）、拒絶証書不要文句（手形77条4号・46条1項）などがある。ただし一覧払・一覧後定期払の手形の利息文句は、記載してもその効力が認められない**無益的記載事項**である（手形5条1項）。分割払・条件付支払の文句や支払いを原因関係にかからしめる記載は、**有害的記載事項**として、手形自体を無効にする。

3　白地手形

(1)　白地手形の意義　手形取引においては、金額、満期、受取人、振出日などの手形要件を白地で手形を振り出すことが便宜なことがある。白地手形とは、手形要件の全部又は一部を欠く未完成の手形であるが、署名者が、後日、取得者に白地を補充させる意思で手形に署名する手形である。手形要件を欠く無効な手形（手形76条1項）とは異なる。**主観説**によると、署名者と相手方との間における白地の補充権授与の合意により、無効手形とは異なる白地手形が成立すると考える。しかし白地手形の成立が補充権授与の合意という手形外の事情によることになるとする批判がある。そこで、**客観説**は、外観上白地の補充が予定されている手形に署名した場合には、白地手形が成立すると解する。この説に対しては、統一手形用紙を用いるような場合には、署名者の意思を問わずすべて白地手形になり、無効手形との区別ができないという批判がある。判例は主観説による（大判大10・10・1民録27・1686）。

振出人が白地手形を作成して、これを流通に置くのが普通であるが、裏書人・保証人のみの署名がある白地裏書や白地保証もある。すくなくとも1人の署名が必要である。白地手形は、実際上の要請に基づき発達した慣習が、商慣習（商1条）として認められ（前掲大判大10・10・1）、その後、手形法に、白地手形を前提として規定が置かれた（手形10条）。

(2)　白地の補充　予めされた合意に反する補充は、悪意・重過失のない所持人には対抗できない（手形10条本文）。判例は、「悪意又は重大な過失なくして白地手形を取得した上、予めされている合意と異る補充を自らした所持人に対する場合にも、適用あるものと解する」とする（最判昭41・11・10民集20・9・1756）。

白地手形は、完成手形と同様に裏書により譲り渡すことができるが、手形要件未補充の未完成の手形によって手形上の権利を行使することはできない。すなわち白地手形は、白地部分の補充を停止条件とする手形上の権利と白地部分の補充権が化体されている手形である。しかし当座勘定規定は、「確定日払の手形で振出日の記載のないもの又は手形で受取人の記載のないものが呈示されたときは、その都度連絡することなく支払うことができるものとします。」と規定している（当座勘定規定17条1項）。振出日白地の確定日払の手形は、実務

上は無効なものとして取り扱わないのが原則である。

4　手形の譲渡

1　裏書の意義

　裏書とは、手形の裏面に一定の事項を記載して、手形を特定の相手方に交付する法律行為である。裏書によって手形上に表章されている権利を譲渡することができる。単に裏書というときは、権利を譲渡するための譲渡裏書のことをいう。所持人が手形上の権利を行使するためには、最初の裏書から所持人に至るまで裏書が連続していなければならない。手形の所持人が適法に手形を譲り受けていない場合には、所持人は手形上の権利を行使することができない。裏書が連続しているかぎり、所持人は、無権利者から譲り受けた手形を**善意取得**し、手形上の権利を行使できる場合がある（手形16条2項）。

　通常の裏書以外に、受け取った手形を取り立てるためにする**取立委任裏書**、質権設定のためにする**質入裏書**など特殊な裏書がある。手形は、指図文句が記載されていない場合でも、法律上当然の**指図証券**である（手形11条1項）。しかし振出人が手形に「指図禁止」、「裏書禁止」、「A殿にかぎり支払います」のような指図禁止文句を記載した指図禁止手形は、指図証券性が奪われ、指名債権譲渡の方式・効力に従ってのみ譲渡することができる（手形11条2項）。この場合も、権利の行使・移転に際して証券が必要である。第三者に対する対抗要件として通知・承諾（民467条）が必要か否かに関して、通説は、これを肯定する。

　統一手形用紙の裏面には、裏書欄、裏書文句、拒絶証書作成の免除文句が、予め印刷されている。所持人は、裏書が連続している手形により支払いを受けることができる（手形16条1項）。裏書の連続がないときは、「裏書不備」の不渡事由になる。

　①の裏書は、甲田一郎から丁川四郎まで、裏書が連続している。裏書が連続しているというためには、さらに受取人が第一の裏書人になっていなければならない。②の裏書は、第一裏書欄の被裏書人の記載がない。白地式裏書（手形13条2項）として、裏書の連続が認められる。

図表 5-5　裏書の連続

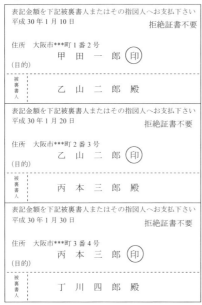

2　裏書の方式

裏書は、手形、これと結合した**補箋**又は謄本に（手形13条1項・67条）、裏書人が一定の事項を記載して、これを被裏書人に交付して行う。裏書は、単純でなければならず、条件を付けることはできない（手形12条1項）。文字どおり手形の裏面にするのが普通である。統一手形用紙の裏面の裏書欄には、「表記金額を下記被裏書人またはその指図人にお支払ください。」という形式の裏書文句が印刷されている。被裏書人や裏書文句の記載は必ずしも必要ではなく裏書人の署名のみでもよいが、手形要件を充足していることが裏書の要件である（手形76条1項本文）。

裏書の方式には、**記名式裏書、白地式裏書**及び**持参人払式裏書**がある。記名式裏書は、裏書文句、裏書人の署名と被裏書人の記載のある裏書である。正式裏書又は完全裏書ともいう。白地式裏書（手形13条2項）は、裏書人の署名のある被裏書人の記載がない裏書である。無記名式裏書又は略式裏書ともいう。

白地手形の一種である白地裏書とは異なる。白地式裏書は、手形の裏面又は補箋にしなければならない（手形13条2項）。署名のみの場合は、保証との区別がつかなくなるおそれがあるからである（手形13条1項ないし3項）。白地式裏書の手形取得者は、さらにこれを譲渡することができる。その方法は、①自己の名称を補充して、白地式又は記名式により（手形14条2項1号）、②他人の名称で白地を補充し、これをその他人に交付する（手形14条2項1号）、③白地を補充せずに、白地式又は記名式により（手形14条2項2号）、④白地補充・裏書いずれもせず譲渡する（手形14条2項3号）ことができる。持参人払式裏書は、「この手形の持参人にお支払ください。」という形式の裏書である。裏書人・被裏書人の記載は、共同的・選択的でもよい。

3　裏書の効力

(1) **権利移転的効力**　裏書によって手形上の権利はすべて被裏書人に移転する。これを裏書の権利移転的効力という（手形14条）。一般の債権譲渡とは異なり、手形の裏書によって、手形上の「一切ノ権利」が移転されるのに対して、原因関係上の権利は移転しない。振出人に対する手形金請求権その他手形上の権利に付随する権利については、移転すると解するのが当事者の意思に合致することが多い。判例は、振出人のためにした民事保証について、保証債権の随伴性から、「主たる債権の譲渡について対抗要件が具備された場合には、主たる債権を取得した者は、保証債権の譲渡につき別段の対抗要件たる手続を履践することなく、保証債務の履行を求めることができる」ことは、主たる債権が手形債権であり、債権譲渡が裏書による場合にも同様であり、「裏書によつて手形債権を取得した者は、民事保証債権につき別段の指名債権譲渡の手続を履践することなく、右保証債務の履行を求めることができると解すべきであ」と判示する（最判昭45・4・21民集24・4・283〔手形小切手百選49〕）。

(2) **担保的効力**　裏書人は、被裏書人及びその後者全員に手形金の支払いを担保する責任を負う。遡求義務・償還義務をその内容とする。これを裏書の担保的効力という（手形15条1項）。第一次的義務者である約束手形の振出人が支払拒絶したとき、裏書人は振出人に代わって手形金の支払義務を負う。担保的効力は裏書人の意思表示に基づくものではなく、手形の流通保護のために認

められた法定責任であると解するのが通説である。これに対して、裏書人には、通常、担保責任を負担する意思があることを前提として、法が担保責任を規定しているとする見解もある。このような裏書人の担保責任は、裏書人が手形上に「支払無担保」や「無担保」のような無担保文句を記載して排除することができる（手形15条1項）。これを無担保裏書という。裏書人が、新たな裏書を禁止する文言を記載した裏書禁止裏書（「禁転裏書」ともいう。）（手形15条2項）をした場合には、直接の被裏書人より後の被裏書人には担保責任を負わない。期限後裏書及び取立委任裏書には、担保的効力はない。

(3) **資格授与的効力**　裏書人は、裏書により自己の有する手形上の権利を被裏書人に譲り渡す。すなわち被裏書人は裏書により権利者としての形式的資格を取得する。これを裏書の資格授与的効力という（手形16条1項）。手形は、証券に権利者を記載し、権利の移転に証券の交付を必要とするから、裏書の連続する手形を所持していることにより、手形の権利者であることが推定される。手形法16条1項は「看做ス」と規定しているが、推定するという意味である（最判昭36・11・24民集15・10・2519）。したがって、手形所持人の権利を争う者は、手形が振出人から所持人に至るまで、盗取・拾得した手形に裏書が偽造されるなどにより、手形の実質的な権利移転がないこと、その後に善意取得がないことにつき立証責任を負う（最判昭41・6・21民集20・5・1084）。

　裏書の連続とは、受取人が第一裏書の裏書人、第一裏書の被裏書人が第二裏書の裏書人というふうに、間断なく続いていることである。最後の裏書が白地式であるときも、その所持人が権利者と推定される（手形16条1項2文）。また白地式裏書に次いで他の裏書があるときも、その裏書人は白地式裏書で手形を取得して、裏書が連続し有効に権利を取得したものと推定される（手形16条1項4文）。抹消した裏書は、裏書連続の関係においては、記載しなかったものとみなされる（手形16条1項3文）。裏書以外に、相続、合併、競売、転付命令などによる手形上の権利の移転については、裏書の連続は欠ける。判例は、相続人であることが手形に表示されているときは、裏書が連続すると判示する（大判大4・5・27民録21・821）。多数説は、受取人Aと第一裏書の裏書人A相続人Bは、裏書の連続を欠くと解する。この場合に、第一裏書の被裏書人が権利行使するには、相続による実質的な権利の移転を証明しなければならな

い。裏書が不連続のときでも、実質的な権利の移転を証明することにより、所持人は権利を行使することができる。所持人と最後の被裏書人が異なる場合も同様である。

4　取立委任裏書

「回収のため」、「取立のため」、「代理のため」などの取立委任文言がある裏書をいう（手形18条）。取立の目的で通常の譲渡裏書をする場合を**隠れた取立委任裏書**というのに対して、**公然の取立委任裏書**ともいう。統一手形用紙に予め印刷されている「目的」欄に取立委任文言を記載して取引銀行に取立委任裏書をして手形の取立を委任するのが一般的である。取立委任裏書は、被裏書人に対する取立の代理権の授与である。手形から生ずる一切の裁判上又は裁判外の権利を行使する包括的な代理権である（手形18条1項本文）。そのため資格授与的効力はあるが、権利移転的効力及び担保的効力はない。人的抗弁が制限されず、手形債務者は、裏書人に対抗することができるすべての抗弁をもって被裏書人に対抗することはできるが、被裏書人に対する抗弁をもって対抗することはできない（手形18条2項）。また被裏書人は、代理のための裏書をなしうるのみである（手形18条1項但書）。この場合は、取立委任文言を記載しなくても当然に取立委任裏書となる。

隠れた取立委任裏書は、実質は取立であるが、その形式は譲渡裏書と変わりがないことから、**信託裏書説**によると、手形上の権利は完全に被裏書人に移転し、被裏書人は自己の名で取立のためのすべての行為をすることができると解する。これに対して、**資格授与説**は、手形上の権利は被裏書人に移転せず、裏書人が自己の名で手形上の権利行使する権限を被裏書人に授与すると解する。判例は、かつていずれの説によるか定まらなかったが、現在では、信託裏書説による（最判昭31・2・7民集10・2・27〔手形小切手百選53〕、最判昭44・3・27民集23・3・601〔手形小切手百選59〕）。この考え方によると、権利が移転していると解するから、被裏書人に害意がない限り人手抗弁は制限されることになるが、被裏書人には固有の経済的利益がないことから、手形債務者は裏書人に対抗することができる抗弁をもって被裏書人に対抗できると解するのが多数説である。

5　質入裏書

「担保のため」、「質入のため」などの質権設定の文言がある裏書をいう（手形19条）。質権設定の目的で通常の譲渡裏書をする場合を**隠れた質入裏書**に対して、**公然の質入裏書**ともいう。被裏書人は、質入裏書により、手形上の権利について質権を取得し、手形より生ずる一切の権利を行使することができ（手形19条1項本文）、取り立てた金額を自己の債権の優先弁済にあてる権利を有する。質入裏書の被裏書人は、このように質権者として固有の経済的利益を有することから、手形債務者は、被裏書人に害意がない限り、裏書人に対抗することができる人的抗弁をもって被裏書人に対抗することができない（手形19条2項）。手形債務者は、被裏書人に対する抗弁もって対抗することができる。質入裏書は、被裏書人が質権者であるという資格授与的効力を有する。また被裏書人が、質入裏書により、質権を善意取得することも認められる（手形16条）。

隠れた質入裏書は、実質的には担保の目的で裏書されるが、形式的には譲渡裏書である。隠れた取立委任裏書とは異なり、被裏書人には固有の経済的利益があるから、裏書人に対する抗弁は、被裏書人に害意がない限り制限される。

5　手形の善意取得と人的抗弁

1　善意取得

(1) **善意取得の意義**　手形の善意取得とは、無権利の手形所持人から善意・無重過失で**裏書の連続**ある手形を譲り受けた者が、手形上の権利を取得することをいう（手形16条2項）。一般原則によると、何人も自己の有する以上の権利を譲り渡すことはできない。この原則を転々流通する手形の法律関係に適用すると、無権利者からの手形の取得者が手形上の権利を取得することはありえず、権利の外観を信頼した手形の取得者が不測の損害を被ることがある。善意取得により手形取得者の権利が認められる反射的効果として、手形を紛失したり盗まれた者は、手形上の権利を喪失することになる。手形の善意取得は、民法の一般原則である動産の即時取得の制度に由来する（民192条）。民法192条が、平穏・公然かつ善意・無過失を要件とするのに対して、手形の善意取得は、この点に関して善意・無重過失で足り、また盗品・遺失物に関する特則

（民193条・194条）がなく、動産の即時取得よりも取得者の保護に厚い。

(2) **善意取得の要件**

(i) 「**手形ノ占有ヲ失ヒタル者アル場合**」　盗難・紛失などの場合に、無権利者である盗取者や拾得者からの裏書による譲渡について、善意取得が成立する。それとともに、所持人の直接の裏書人の制限行為能力、意思の欠缺・瑕疵、無権代理の場合にも善意取得が成立すると解する説も近時有力である。判例は、代理・代表する権限を有しない者が、その権限ある旨を自称して、手形の振出交付を受け次でこれを裏書譲渡した事実につき、すなわち裏書人が無権代理人のとき善意取得を認めている（最判昭35・1・12民集14・1・1〔手形小切手百選23〕）。

(ii) 「**所持人ガ前項ノ規定ニ依リ其ノ権利ヲ証明スルトキ**」　裏書の資格授与的効力により、裏書の連続する手形の所持人には、形式的資格が付与される（手形16条1項）。このように所持人が、手形法上の取得方法により、手形を取得した場合に限られ、裏書以外に、相続、合併、競売、転付命令などによる手形取得については適用がない。指名債権譲渡の方法により手形が交付されたときも善意取得は成立しない。

(iii) 「**所持人ガ悪意又ハ重大ナル過失ニ因リ之ヲ取得シタルトキハ**」　善意取得は成立しない。悪意・重過失は手形取得のときに存在すればよく、その後に、裏書人の無権利であることにつき知るに至ったとしても善意取得の効力に影響を及ぼさない（大判昭2・4・2民集6・118）。重過失とは、手形取引をなす者が、通常程度の注意をすれば、裏書人が適法の所持人ではないことを容易に知ることができたはずであるのに、その注意を怠ったために適法の所持人でないことを知らずに手形を取得することである。

2　手形抗弁――人的抗弁

(1) **総説**　手形抗弁とは、手形により請求を受けた債務者が、その請求を拒むために主張することができる一切の事由をいう。手形抗弁は、手形により請求を受けた債務者が、すべての手形所持人に主張することができる**物的抗弁**と特定の手形所持人に主張することができる**人的抗弁**に分類することができる。物的抗弁には、署名がない手形行為、手形要件の欠缺（手形75条・76条）、制限行為能力者の手形行為の取消し（民5条2項・9条・13条4項・17条4項）、

図表 5-6　人的抗弁の制限

偽造、変造（手形69条）、無権代理（手形8条、民113条）などがある。人的抗弁には、裏書連続の欠缺、交付の欠缺、所持人が手形を盗取・拾得した者であること、心裡留保、虚偽表示など手形行為の瑕疵、解除、取消しによる原因関係の消滅などの抗弁がある。これら人的抗弁は、直接の当事者間においては、主張することができる。

(2) **人的抗弁の制限とその根拠**　手形法17条は、「前者ニ対スル人的関係ニ基ク抗弁」をもって所持人に対抗することができないと規定する。例えば売買代金の支払いのために、AがBに約束手形を振り出したが、売買契約が解除された場合を考える。Bは、手形を所持している理由がないから、手形はAに返還しなければならない。しかしBは、自己のもとにある手形をCに裏書譲渡したとする。手形法17条は、Cが売買契約が解除されたことを知らなかった場合、所持人Cは、売買契約が解除されたことを対抗されないことを定めている。Aは、Bに対して主張することができる抗弁が制限され、これをCに対して主張することができない。

　人的抗弁の制限が、どのような理由から認められるのかということ関しては、大きく分けると2つの考え方がある。1つは、裏書の法的性質を債権譲渡であると解する説である。**債権譲渡説**によると、抗弁も債権に付着して移転するから、AがBに対して主張できる抗弁はCにも対抗できる。しかし善意で手形を取得した者が、そのような抗弁を主張されると手形の流通が害されることから、例外的に取得者が善意で手形を取得した場合には、抗弁は善意の取得者Cには主張できず、制限されると解するのである。債権譲渡説によると、例外的に抗弁が制限されることになるが、手形法17条は、本文で「所持人ニ対抗スルコトヲ得ズ」として、原則的に人的抗弁が制限されることを規定している。もう1つの見解は、人手抗弁は属人的なものであると解するいわゆる**属人性説**である。これによると、先ほどの例において、AのBに対する人的抗弁

図表 5-7 悪意者による手形金請求の可否

はBに対してのみ属人的に主張できることになり、人的抗弁は裏書により被裏書人に承継されない。裏書譲渡によって、「手形ヨリ生ズル一切ノ権利」が移転し承継される（手形14条1項）が、手形外の人的抗弁は被裏書人に承継されないと解する。なお「債務者ヲ害スルコトヲ知リテ」の意味については、人的抗弁の存在することを知ってという意味であることから**「悪意の抗弁」**という。

(3) **善意者の介在**　Cは善意であるため、AはBに対する抗弁を善意であるためCに対抗することができない。人的抗弁が制限される（手形17条）。それでは善意者Cから手形の裏書を受けたDが、AのBに対する抗弁事由を知っていた場合、DのAに対する手形金請求は認められるであろうか。

判例（最判昭37・5・1民集16・5・1013〔手形小切手百選28〕）は、人的抗弁の対抗を受けない者から手形を悪意で譲り受けた手形所持人について、手形の譲渡により譲受人は前者の地位を承継し、善意者である前者に主張できない人的抗弁は悪意の手形譲受人にも主張できないと判示する。手形法17条は、手形所持人の前者が人的抗弁の対抗を受ける場合の規定であるのに対して、前掲最判昭和37年は、手形債務者が手形所持人の前者に対し人的抗弁をもって対抗することができない場合である。このような場合には、手形の譲受人が前者の地位を承継するから、手形所持人が害意をもって手形を取得したときでも、手形所持人には人的抗弁をもって対抗できないと解するのが、通説・判例である。

6　手形の支払い

1　手形の支払いと銀行取引

(1) **手形の支払いの意義**　手形の支払いとは、手形本来の目的を達成し、すべての手形債務を消滅させる行為である。手形の適法な所持人は、**満期**におい

て手形を呈示し、手形金の支払いを請求することができる。満期前に、手形割引により現金化することもできる。約束手形の所持人が、満期において支払呈示したにもかかわらず、資金不足などの事由により、支払銀行でその支払が拒絶されることを手形の**不渡り**という。この場合、手形所持人は、裏書人等遡求義務者に対して**遡求**することができる。

　手形の振出人は、自己の取引銀行と当座勘定契約を締結し、取引銀行を支払担当者（手形4条）として手形を振り出すのが普通であるから、支払いとは、約束手形の第一次的義務者である振出人、又は振出人の支払担当者による支払いである。手形の所持人は、手形の支払いを受けるため、支払いをなすべき日とこれに次ぐ2取引日（支払呈示期間）に振出人又は支払担当者に手形の支払呈示をしなければならない（手形38条1項）。ただし満期（支払期日）と支払をなすべき日は、かならずしも一致するとは限らない。統一手形用紙には支払場所・支払担当者として銀行の営業所名が印刷されているから、ここに取引銀行を経由して手形交換所において支払呈示（交換呈示）する（手形38条2項）。

　手形の一部支払いがあるとき、所持人は、これを拒むことはできない。そして残額の請求・遡求権行使のために手形が必要であるから、手形は受け戻さなくてもよい。この場合には、一部受領の記載及び受取証書の交付の請求が認められている（手形39条3項）が、なくても一部支払の効力に影響はない。ただし銀行は、手形の一部支払いの取り扱いはしない（当座勘定規定ひな形9条参照）。

　外国通貨表示の約束手形の支払いについて、例えば支払地が日本国内になっている手形金額10,000ドルのような記載があるときは、振出人は、満期日における為替相場による換算により日本円で支払いをなすことができる。ドルでの支払いも可能であり、振出人には選択権がある（手形41条1項1文）。

2　支払免責・支払猶予

(1)　**支払免責**　　手形債務者は、形式的資格のある手形の所持人にした支払が免責されないとするならば、所持人の実質的権利を調査しなければならないことになり、手形の流通性が著しく阻害される。しかし真実の権利者への支払いがないのに、手形債務者が免責されるとすることは、逆に真実の権利者の保護に欠ける。そこで手形法は、手形流通の安全の確保を優先させることによ

> **コラム 5-2**　手形の取立・割引
>
> 　手形・小切手の取立は、証券に記載されている支払場所（手形4条・77条2項）・支払人（小切手1条3号）において支払呈示することにより行う。通常、他店券の場合は、所持人が取引銀行にこれを持ち込み取立を依頼する。取立委任裏書をして銀行に手形を交付する。他店券とは、自己の店舗以外が支払場所・支払人である手形・小切手類である。取引銀行が受け入れた手形・小切手は、手形交換所に持ち出され支払銀行がこれを持ち帰る。持出銀行は、手形・小切手の交換終了後、不渡返還時限の経過後その決済を確認したうえで支払資金とする。このように手形・小切手の資金化が完了する。
> 　手形は、割引によっても現金化することができる。銀行は、手形割引に際して、割引依頼人の預金量その他取引状況など信用を調査した上で、割引依頼人と銀行取引約定書に基づく契約を締結する。割引により、割引日から支払期日までの日数に当たる割引率により割引料を計算し、これを手形金額から差し引いた金額を満期前に受け取ることができる。割引依頼人の信用状況が悪化したような場合には、銀行は割引依頼人に割引手形の買戻しを請求することができる。手形面記載の金額の買戻債務を負う。銀行以外の者による手形割引の場合には、書類提出など手続の煩雑さは少ないが、銀行よりも割引率が高いのが普通である。

り、手形債務者は、悪意・重過失がない限り所持人に支払うことにより免責されるとする（手形40条3項）。そして約束手形の所持人は、免責を得るために裏書の連続が整っているかを調査しなければならない。また裏書署名の調査義務がないと規定されている。これは直前の裏書が、裏書人本人又は代理人により有効に裏書がなされているか、例えば偽造ではないのかということにつき調査する必要はないということである。

　一般的には、悪意とは、ある事実を知っているということであり、重過失とは、著しく注意義務を欠くことであるが、手形法40条3項にいう、悪意・重過失は、訴訟における証拠方法に関する意味において理解しなければならない。悪意とは、手形債務者が、所持人が無権利者であることを知り、かつそれを立証しうる証拠を有しているにもかかわらず支払うことである。重過失とは、著しく注意義務を欠いたことから、所持人が無権利者であること、及びそれを立証しうる証拠が存在することを知らずに支払うことをいう。すなわち単純に悪

意のときは支払免責を受けることができる。なぜならば、所持人の無権利につき、悪意というだけで支払拒絶すると、証拠がなければ敗訴することになるから、そのようなときは支払拒絶する必要はなく、支払免責されることにしたのである。判例は、約束手形の振出人において、所持人が、「権利者でないことを容易に知りうべきであり、かつ、その無権利であることを証明すべき証拠方法をも確実に得ることができたものと認めるのが相当」として、手形法40条3項にいう重過失を認定する原審判断を是認している（最判昭44・9・12判時572・69〔手形小切手百選70〕）。

(2) **支払猶予** 　約束手形の所持人は、満期において手形を振出人に呈示して支払いを受けるのであるが、支払いを猶予すること、すなわち満期より後に支払いすることが認められている。その方法として、①手形上の満期の記載を変更する、②手形外の合意により支払いを猶予する、③手形の書替えがある。まず第1に、満期の変更は、所持人を含む手形の全関係者の合意が必要である。1人でも合意がないときは手形の変造である（大判昭12・11・24民集16・1652）。次に、手形外の合意であるが、これは当事者間の人的抗弁にとどまる。約束手形の振出人と所持人との間に支払猶予の合意があるとき、裏書人に対する遡求権は、どのように保全されるのかという問題がある。基準となるのは、手形に記載された満期である。満期及びそれに次ぐ2取引日内に振出人に支払呈示することにより、裏書人に対する遡求権が保全される。しかしこのような支払呈示により遡求権が保全されるとすることについては議論のあるところである。遡求に応じて償還義務を履行した裏書人が、直ちに振出人に再遡求することになれば、せっかく支払猶予した意味がなくなるからである。しかし判例は、振出人（事案は為替手形の引受人）に対する支払猶予の承諾を、裏書人が履行拒絶の理由にすることはできないと判示する（大判昭11・1・18法律新聞3974・9）。**手形の書替**は、支払いの延期を目的として、満期を繰り延べて新手形を振り出すことをいう。新手形を書替手形、延期手形、新手形などという。旧手形が回収されるとき、学説は、その法的性質を代物弁済とみる。判例は、「書替手形の特質は、旧手形を現実に回収して発行する等特別の事情のない限り、……単に旧手形債務の支払を延長する点にある」と判示し（最判昭29・11・18民集8・11・2052）、手形が回収される場合は、代物弁済ないし更改と解

する趣旨と考えられる。旧手形が回収されないときは、判例も、旧手形は失効せず両手形は併存すると解する（最判昭31・4・27民集10・4・459）。

3　遡　求

(1) **遡求の意義**　手形が、満期において、適法な支払呈示がなされたにもかかわらず支払われず、又は支払われる可能性が著しく低下することがある。所持人は、このようなとき自己の前者に対して手形金、利息、費用の支払いを請求することができる。これを遡求（または「償還請求」）という。遡求によって、所持人は、満期において手形の支払いを受けた場合と同様の経済的効果を得ることができ、手形の流通性が確保される。

遡求権者は、まず第1に手形の最終の所持人である（手形43条）。遡求義務を履行して手形を受け戻した者も自己の前者に対して遡求権を行使することができる（手形47条3項）。これを再遡求という。また手形債務を弁済した無権代理人は本人と同一の権利を取得する（手形8条）から、無権代理人が遡求義務を履行したときは**再遡求**することができる。遡求義務者は、手形の所持人の前者である。為替手形の場合は、振出人も遡及義務者である。約束手形の場合は、裏書人及び保証人が遡求義務者である（手形15条1項・32条1項・43条）。約束手形の振出人は、絶対的義務者であり、単なる遡求義務者ではない。また参加支払人は、被参加支払人に対する遡求権を阻止するために、被参加人の代わりに支払いをする者であるから、遡求義務者ではない。

(2) **遡求の要件**　遡求権者が遡求をなすには、実質的要件と形式的要件を満たす必要がある。実質的要件は、所持人が支払呈示期間内に手形を呈示することである（手形43条柱書前段・38条）。形式的要件は、支払拒絶が公正証書（支払拒絶証書）により証明されなければならない（手形44条1項）。拒絶証書の作成期間は、支払をなすべき日及びこれに次ぐ2取引日である（手形44条3項）。ただし一覧払手形の場合は、原則1年の支払呈示期間内である（手形34条）。この期間内に支払拒絶証書が作成されないときは、所持人は遡求権を保全できない（手形53条1項2号）。また不可抗力による例外として期間の伸長が認められている（手形54条1項）。また拒絶証書の作成は、これを免除することができる（手形46条）。統一手形用紙には、予め「拒絶証書不要」の文字が印刷されている

図表 5-8　遡　求

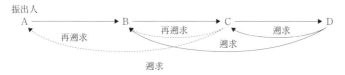

から、必要とする場合にはこれを抹消する。また免除文句の記載には、免除者の署名が必要であるが、裏書人欄になされる署名は、裏書署名と免除文句の署名を兼ねていると解される（最判昭34・2・6民集13・1・81）。

　所持人は、支払拒絶があったときは、その事実を遡求義務者に通知しなければならない。遡求義務者が償還金を準備する期間を確保するためである。所持人は、拒絶証書の作成の日に次ぐ4取引日内に、拒絶証書の作成が免除されているときは、支払呈示の日に次ぐ4取引日内に、自己の直接の裏書人に、支払拒絶があったこと及び自己の名称とを通知する。通知を受けた裏書人は、通知を受けた日に次ぐ2取引日内に、自己の直接の裏書人に、自己が受けた通知を、前の通知者全員の名称及び宛所を示して通知し、これを繰り返して振出人に及ぶ（手形45条1項）。保証人がいるときは、保証人に対しても通知しなければならない（手形45条2項）。

　(3)　**遡求義務**　　約束手形の振出人は、主たる義務者であって、遡求義務者ではないが、遡求が開始した場合には、遡求義務者と合同して責任を負う（手形47条1項）。所持人は、合同責任を負う手形義務者に対して、特定の1人に対して請求する、同時に数人に請求する、または各別に1人に請求したのち、その者の後者も含む他の者に請求する方法により遡求権を行使することができる（手形47条2項・4項）。振出人以外の手形義務者が支払うと、その者及びその後者の遡求義務は消滅するが、前者の義務は存続するから、遡及義務を履行した者は、手形を受け戻してさらに前者に遡求することができる（手形47条3項・50条）。これを再遡求という。所持人は、いずれの場合も遡求金額（手形48条・49条）の支払いを受けたときは、他の者に請求することができない。

事項索引

あ行

悪意擬制	31
悪意の抗弁	185
預 合	86
一般不法行為特則説	131
移転行為有因論	168
違法行為差止請求権	121, 130
違法な社債発行に対する措置	142
裏 書	166, 177
裏書譲渡	169
裏書人	169
裏書の効力	179
裏書の方式	178
裏書の連続	177, 180
運送営業	55
運送契約	56
運送取扱人	62
——の権利	63
——の責任	63
運送人	56
——の責任	59, 60
運送人の不法行為責任	60
営業禁止義務	37
営業譲渡	22
営業的商行為	13, 44
営利性	77

か行

外観法理	37
開業準備	81
会計監査人	123
——の権限	124
——の地位の独立性	124
会計参与	118
会計帳簿	33, 144
会計帳簿閲覧請求権	88
解 散	160
解散事由	160
開示制度	29
会 社	76
監査役の（会社の）訴訟代表権	121
会社分割	153
会社法	76
介入権	55
隠れた取立委任裏書	181
瑕疵ある取締役会決議の効力	114
瑕疵のある事業譲渡	153
瑕疵のある組織再編	159
仮装払込み	85
合 併	153
株券の発行	93
株 式	87
株式移転	155
株式会社	78
株式交換	155
株式譲渡自由の原則	93, 94
株式の共有	90
株式の譲渡手続	96
株式引受人の地位	94
株式分割	100
株式併合	100
株 主	78
株主資本等変動計算書	146
株主総会	105
——決議	109
——の権限	105
——の招集	106
株主代表訴訟	130
株主提案権	88
株主平等の原則	90
株主名簿	94
株主有限責任の原則	78
株主優待制度	91
為替手形	166
簡易組織再編	159, 160

191

監査	147
監査機関	117
監査等委員会設置会社	104, 105
監査の方針	123
監査報告の作成	123
監査役会	122
監査役会設置会社	103
監査役	118
——の取締役会への報告義務	120
——の意見陳述義務	120
——の会計監査人の選解任・不再任の決定権	121
——の権限	119
——の訴訟提起権	122
——の調査報告権	120
——の取締役会出席義務	120
——の取締役会招集権	120
監視義務	126
間接取引	129
完全親会社	158
機関	102
機関の意義と分化	102
機関方式	172
企業取引	42, 63
企業法説	2
議事進行	108
擬制商人	16
機能的財産	22
基本手形	173
基本手形の記載事項	173
基本的商行為	13
給付反対給付均等の原則	70
共益権	87
狭義の競業避止義務	36
狭義の無権代理	171
競業取引の制限	127
競業避止義務	25, 39
供託	49
業務財産調査権	119
業務執行と監督の分離	103
業務の執行と監査の分離	124
倉荷証券の交付義務	65
経営判断の原則	126

計算書類等	146
計算書類等の監査機関	147
形式審査主義	30
形式的意義の商法	1
決議の瑕疵を争う訴え	111
決議不存在確認の訴え	113
決議無効確認の訴え	112
原因関係	167
検査義務	49
検査役	82, 137
現物出資	82, 137
権利移転の効力	179
権利外観法理	20
航空運送	56
公告等	148
公示・開示	135
公正な価格	157
交付契約説	170
子会社に対する事業報告請求権	119
子会社に対する業務財産調査権	119
子会社による親会社株式取得	99
小切手	163
国際複合一貫輸送約款	56
告知義務	70
小商人	16
個別注記表	146
固有の商人	13

さ行

財源規制	100
債権者異議手続	157
債権者の弁済	162
債権譲渡説	184
催告	158
財産引受	82
債務引受け	24
債務引受契約	26
債務引受広告	27
債務不履行責任	59
詐害の会社分割	159
先取特権	66
指値遵守義務	54
自益権	87

事項索引

資格授与的効力 … 180	商業使用人 … 34
事業譲渡 … 152	商業帳簿 … 33
事業譲渡の意義 … 152	商業登記 … 29
事業報告 … 147	商業登記事項 … 30
事業報告請求権 … 119	商業登記の効力 … 30
資金調達 … 82, 131	商業登記簿 … 29
自己株式 … 97	消極財産 … 23
自己株式取得 … 98	消極的公示力 … 30
自助売却権 … 48	承継会社 … 158
自助売却 … 49	商　号 … 17
下請運送 … 58	商行為 … 13, 42, 43
質入裏書 … 182	商行為法主義 … 6
実質的意義における商法 … 1	商号権 … 18
支配権の包括性 … 35	商号自由主義 … 17
支配人 … 35	商号使用権 … 19
支配人の義務 … 36	商号専用権 … 19
支払委託証券 … 163	商号続用 … 25, 27, 28
支払拒絶 … 188	商号単一の原則 … 18
支払拒絶証書 … 189	商号の譲渡 … 20
支払証券 … 163	商事自治法 … 9
支払免責 … 186	商事条約 … 10
支払猶予 … 188	商事制定法 … 8
資本金 … 150	商事仲立人 … 51
指名委員会等設置会社 … 104	招集手続の瑕疵 … 107
射倖契約性 … 70	少数株主による株主総会の招集 … 108
社　員 … 78	商的色彩論 … 2
社外取締役 … 104	譲渡制限 … 89
社　債 … 140	商人間の売買 … 47
社債管理者 … 142	商人資格の取得時期 … 15
社債権者集会 … 142	商人法主義 … 6
社債の管理 … 142	商法の基本概念 … 5
社債の種類 … 143	商法の法源 … 8
社団性 … 77	商法の法源の適用順序 … 11
収支相等の原則 … 70	剰余金の分配 … 148
出資者の確定 … 82	書面投票制度 … 107
出資の履行 … 136	所有と経営の分離 … 103
取得財源規制 … 97	白地手形 … 176
主要目的ルール … 137	新株発行等の不存在確認の訴え … 138
種類株式 … 90	新株発行等の無効の訴え … 138
傷害疾病損害保険 … 70, 75	新株予約権 … 139
傷害疾病定額保険 … 70, 75	――と買収防衛策 … 141
傷害疾病保険 … 75	――の瑕疵を争う手続 … 140
商慣習 … 9	――の行使 … 140

193

項目	頁
──の発行	131
──の申込み	140
──の割当て	140
人的抗弁	183
人的抗弁の制限	184
信用証券	163
清算	161
清算株式会社の機関	161
清算結了	162
清算事務	162
清算人	162
正当な事由	31
生命保険	73
生命保険契約	73
是正権限	120
積極財産	23
積極的公示力	31
設権証券性	168
絶対的記載事項	81
絶対的商行為	13, 44
折衷主義	6, 14
設立	79
設立関与者の責任	84
設立時役員等	83
設立時役員等の選任	83
設立登記	84
設立の無効	86
設立費用	80
善意取得	182
善意取得の要件	183
全員出席総会	107
善管注意義務	66, 126
全部の株式の内容についての特別の定め	88
総会決議取消しの訴え	111
倉庫営業	64
倉庫営業者	64
──の権利	65
──の義務と責任	64
相次運送	58
創造説	170
相対的記載事項	81
送付物品保管義務	46
遡求	189

項目	頁
遡求義務	190
遡求義務者	190
遡求権行使	186
遡求の要件	189
属人性説	184
組織再編	153
組織再編の手続	155
損益計算書	146
損害保険	71

た行

項目	頁
対抗要件	24
第三者に対する損害賠償責任	130
貸借対照表	33, 34, 145, 146
代表権の制限	115
代表取締役	115
代表取締役の権限濫用行為	116
代理権	35
代理商	38
代理商契約	41
代理商の留置権	40
代理投票制度	109
代理人による議決権行使	109
代理人の出席	107
諾否通知義務	46
多重代表訴訟	130
他人による手形行為	170
単元株制度	101
単元未満株式	102
担保的効力	179
忠実義務	127
調査権限	119
直接取引	128
通常清算	161
通知義務	39, 49
定款	81
定款変更	150
定期売買	48
手形行為	166
手形行為独立の原則	169
手形行為の代理	171
手形債務者	186
手形債務負担の意思表示	169

事項索引

手　形	163
──の偽造	172
──の偽造者	171
──の支払い	185
──の善意取得	182
──の取立	187
──の割引	187
電子投票制度	109
問屋営業	53
問屋の義務と責任	54
問屋の権利	54
頭数多数決	123
特殊決議	110
特殊的効力	31
独任制	123
特別決議	110
特別支配株主	100
特別清算	161
取締役会	114
取締役会決議の瑕疵	114
取締役会設置会社	113
取締役等の説明義務	108
取締役の解任	113
取締役の監査役への報告義務	121
取締役の選任	113
取締役の第三者に対する責任	131
取締役の任期	113
取立委任裏書	181

な 行

名板貸	20
名板貸責任の要件	
──相手方の善意	117
──外観の存在	117
──外観への信頼	32
──帰責性	32, 117
──虚偽の外観の存在	32
内部統制構築義務	128
仲立営業	51
仲立人の義務	51
仲立人の権利	52
荷受人	56
荷受人の地位	61

二重弁済	28
日本の商法の歴史	7
任意的記載事項	81

は 行

媒介代理商	39
場屋営業	66
場屋営業者の責任	66, 67
払戻し	93
反対株主の買取請求権	156
被裏書人	169
引渡し	24
非公開会社	122
1株1議決権の原則	101, 109
被保険者	73
被保険利益	71
表見支配人	37
表見代表取締役	117
表見代理	40, 171
複合運送	56
附合契約	69
不公正発行	137
不実登記の効力	32
不真正連帯債務	26
附属的商行為	13, 45
附属明細書	147
普通決議	110
普通保険約款	68
物的抗弁	183
物品運送	55
物品運送の取次ぎ	63
物品販売店舗の使用人	38
部分運送	57
振替株式制度	95
振　出	166, 172
分配可能額の制限	149
変態設立事項	82
報酬請求権	45, 63
報酬等の決定	129
法人性	77
法定責任説	131
保管・供託義務	50
保険外務員	69

保険業法	68
保険金	68
保険金受取人	73
保険金の不正取得	74
保険契約	67, 68
保険契約者	69
保険契約の解除	71
保険事故	67
保険者	68
保険代位	72
保険代理商	69
保険仲立人	69
保険法	68
募集株式	
──の発行等	131, 132
──の発行等の差止め	137
──の申込み	136
──の割当て	136
募集株式発行の瑕疵を争う手続	137
募集事項の決定	139
募集事項の決定機関	133
募集社債に関する事項の決定	141
募集社債の成立	142
募集社債の申込み	141
募集社債の割当て	141
募集新株予約権にかかる払込み	140
募集設立	82, 83
保　証	166
発起設立	82
発起人	80
発起人の権限	80

ま行

見せ金	86
見本保管義務	52
民事仲立人	51
民法の商化	3
無因証券性	167
無権代理行為	37
無償割当て	100
名義書換え	94
目的物の供託	48
持分会社	76
文言証券性	167

や行

役員等	125
役員等の会社に対する責任	129
役員等の義務と責任	125
約束手形	163
約束手形の交換決裁	164
約束手形の流通	164
優先株	89
有利発行	134
有利発行の弊害	135

ら行

利益供与の禁止	92
利益相反取引制限	128
履行担保責任	54
利息請求権	45
利得禁止原則	72, 74
略式組織再編	159, 160
留置権	66
旅客運送	55, 61
劣後株	89

判例索引

大判明35・12・11民録8・11・41‥‥‥‥‥ 53
大判大4・5・27民録21・821‥‥‥‥‥ 180
大判大10・10・1民集27・1686‥‥‥‥ 176
大判大12・12・1刑集2・895‥‥‥‥‥ 53
大判大13・6・13民集3・280‥‥‥‥‥ 18
大判昭2・4・2民集6・118‥‥‥‥‥ 183
大判昭2・7・4民集6・428
　　〔会社百選7〕‥‥‥‥‥‥‥‥‥‥ 80
大判昭7・11・19民集11・2120‥‥‥‥ 175
大判昭8・9・15民集12・2168‥‥‥‥ 175
大判昭11・1・18法律新聞3947・9‥‥ 188
大判昭12・11・24民集16・1652‥‥‥ 188
最判昭27・2・15民集6・2・77
　　〔会社百選1〕‥‥‥‥‥‥‥‥‥‥ 77
最判昭29・11・18民集8・11・2052‥‥ 188
最判昭31・2・7民集10・2・27
　　〔手形小切手百選53〕‥‥‥‥‥‥ 181
最判昭31・4・27民集10・4・459‥‥ 189
最判昭32・2・19民集11・2・295‥‥ 66
最判昭33・6・9民集12・10・1575
　　〔商法百選3〕‥‥‥‥‥‥‥‥‥‥ 15
最判昭33・6・17民集12・10・1532
　　〔手形小切手百選11〕‥‥‥‥‥‥ 171
最判昭33・10・24民集12・14・3228
　　〔会社百選5〕‥‥‥‥‥‥‥‥‥‥ 81
最判昭34・2・6民集13・1・81‥‥‥ 190
最判昭35・12・9民集14・13・2994‥‥ 80
最判昭35・1・12民集14・1・1
　　〔手形小切手百選23〕‥‥‥‥‥‥ 183
最判昭36・3・31民集15・3・645‥‥ 138
最判昭36・11・24民集15・10・2519‥‥ 180
最判昭36・12・12民集15・11・2756
　　〔手形小切手百選10〕‥‥‥‥‥‥ 171
最判昭37・5・1民集16・5・1031
　　〔商法百選27〕‥‥‥‥‥‥‥‥‥ 37
最判昭38・3・1民集17・2・280
　　〔商法百選20〕‥‥‥‥‥‥‥‥‥ 27
最判昭38・9・5民集17・8・909‥‥‥ 116

最判昭38・12・6民集17・12・1633‥‥‥ 86
最大判昭40・9・22民集19・6・1600
　　〔商法百選18〕〔会社百選85〕‥‥‥ 23, 153
最判昭41・6・21民集20・5・1084‥‥ 180
最判昭41・11・10民集20・9・1756‥‥ 176
最判昭41・1・27民集20・1・111
　　〔商法百選15〕‥‥‥‥‥‥‥‥‥ 21
最判昭42・11・17判時509・63‥‥‥‥ 65
最判昭43・6・13民集22・6・1171
　　〔商法百選16〕‥‥‥‥‥‥‥‥‥ 22
最判昭43・12・25民集22・13・3548
　　〔手形小切手百選36〕‥‥‥‥‥‥ 167
最判昭44・2・27民集23・2・511
　　〔会社百選3〕‥‥‥‥‥‥‥‥‥‥ 78
最判昭44・3・27民集23・3・601
　　〔手形小切手百選59〕‥‥‥‥‥‥ 181
最判昭44・9・12判時572・69
　　〔手形小切手百選70〕‥‥‥‥‥‥ 188
最大判昭44・11・26民集23・11・2150
　　〔会社百選70〕‥‥‥‥‥‥‥‥‥ 131
最判昭45・4・21判時593・87‥‥‥‥ 60
最判昭45・4・21民集24・4・283
　　〔手形小切手百選49〕‥‥‥‥‥‥ 179
最大判昭45・6・24民集24・6・625
　　〔会社百選2〕‥‥‥‥‥‥‥‥‥‥ 77
最判昭45・10・22民集24・11・1599‥‥ 52
最判昭46・11・16民集25・8・1173
　　〔手形小切手百選8〕‥‥‥‥‥‥‥ 170
最判昭47・2・10民集26・1・17
　　〔手形小切手百選4〕‥‥‥‥‥‥‥ 168
最判昭47・6・15民集26・5・984
　　〔商法百選9〕‥‥‥‥‥‥‥‥‥‥ 33
最判昭48・6・15民集27・6・700
　　〔会社百選18〕‥‥‥‥‥‥‥‥‥ 95
最判昭49・6・28民集28・5・655
　　〔手形小切手百選27〕‥‥‥‥‥‥ 172
最判昭50・6・27判時785・100‥‥‥‥ 44
最判昭52・12・23判時880・78

197

〔商法百選 8 〕……………………… 31
最判昭54・5・1 判時931・112
　〔商法百選29〕……………………… 35
最判昭60・12・20民集39・8・1869
　〔会社百選30〕……………………… 107
最判昭61・9・11判時1215・125
　〔会社百選 6 〕……………………… 153
最判昭62・2・20民集41・1・159………… 68
東京地決平 1・7・25判時1317・28［いなげや
　忠実屋事件］……………………… 137
最判平 2・2・22裁判集民159・169……… 38
最判平 2・12・4 民集44・9・1165
　〔会社百選10〕……………………… 90
東京高判平 2・1・31資料版商事法務77・193
　……………………………………… 160
最決平 3・2・28刑集45・2・77
　〔会社百選103〕…………………… 86
最判平 9・1・28判時1599・139
　〔会社百選11〕……………………… 90
大阪地判平12・9・20判時1721・3
　〔大和銀行事件〕…………………… 128
最判平16・2・20民集58・2・367

〔商法百選21〕……………………… 27
東京高決平17・3・23判時1899・56……… 141
最判平17・7・15民集59・6・1742
　〔会社百選 4 〕……………………… 78
最判平18・4・10民集60・4・1273
　〔会社百選14〕……………………… 92
最判平20・2・22民集62・2・576
　〔商法百選36〕……………………… 45
最判平22・7・15判時2091・90
　〔会社百選50〕……………………… 126
最決平22・12・7 民集64・8・2003
　〔会社百選17〕……………………… 96
名古屋高決平22・6・17資料版商事法務316・
　198 ………………………………… 95
最判平24・2・29民集66・3・1784
　〔会社百選87〕……………………… 157
最判平24・4・24民集66・6・2908
　〔会社百選29〕……………………… 138
大阪地決平25・1・31判時2185・142
　〔会社百選19〕……………………… 97
最判平27・2・19民集69・1・25………… 90

■執筆者紹介（＊執筆順、※は編者）

※高橋 英治（たかはし えいじ）	大阪市立大学大学院法学研究科教授	1章
山野加代枝（やまの かよえ）	大阪電気通信大学金融経済学部准教授	2章
古川 朋雄（ふるかわ ともお）	大阪府立大学第2学系群社会科学系	3章
藤嶋 肇（ふじしま はじめ）	大阪経済大学経営学部准教授	4章1節～3節
洪 済植（ほん じぇしく）	島根大学法文学部教授	4章4節
張 笑男（ちょう しょうなん）	長崎大学経済学部准教授	4章5節
金田 充広（かなた みつひろ）	明星大学経済学部常勤教授	5章

Horitsu Bunka Sha

スタンダード商法Ⅴ　商法入門

2018年12月15日　初版第1刷発行

編　者　高橋英治
　　　　たかはしえいじ

発行者　田靡純子

発行所　株式会社　法律文化社

〒603-8053
京都市北区上賀茂岩ヶ垣内町71
電話 075(791)7131　FAX 075(721)8400
http://www.hou-bun.com/

＊乱丁など不良本がありましたら、ご連絡ください。
　送料小社負担にてお取り替えいたします。

印刷：中村印刷㈱／製本：㈱藤沢製本
装幀：白沢　正
ISBN 978-4-589-03975-0

Ⓒ2018 Eiji Takahashi Printed in Japan

JCOPY　〈(社)出版者著作権管理機構　委託出版物〉

本書の無断複写は著作権法上での例外を除き禁じられています。複写される
場合は、そのつど事前に、(社)出版者著作権管理機構(電話 03-3513-6969、
FAX 03-3513-6979、e-mail: info@jcopy.or.jp)の許諾を得てください。

スタンダード商法【全5巻】

―〈本書の特長〉―
・基本事項に重点を置いた標準テキスト
・丁寧な解説で商法の基本と全体像，およびリーガルマインドを修得できる
・理解を促すために，適宜，図解を用いる
・コラムにて重要判例，学説上の論点を解説し，知識の定着と応用を可能にする
・平成30年商法改正・平成29年民法改正に対応
・法学部をはじめ，経済学部・経営学部・商学部の講義に最適
・Ⅰ～Ⅳは基礎から発展レベル，Ⅴは入門書

スタンダード商法Ⅰ　商法総則・商行為法
北村雅史編　　　　　　　　　　　　　　Ａ5判・254頁・2500円

スタンダード商法Ⅱ　会社法
德本　穰編　　　　　　　　　　　　　　　　　　　　（近刊）

スタンダード商法Ⅲ　保険法
山下典孝編　　　　　　　　　　　　　　　　　　　　（近刊）

スタンダード商法Ⅳ　金融商品取引法
德本　穰編　　　　　　　　　　　　　　　　　　　　（近刊）

スタンダード商法Ⅴ　商法入門
高橋英治編　　　　　　　　　　　　　　Ａ5判・214頁・2200円

―法律文化社―
表示価格は本体（税別）価格です